こうすればうまくいく！

自閉症スペクトラムの子どもの保育

水野智美 著・徳田克己 監修

中央法規

はじめに

　保育の場には、支援が必要になる子どもがたくさんいます。そのなかでも、友だちとかかわることができなかったり、ひととのコミュニケーションがとりづらかったり、こだわりが強い子どもがいます。この本では、そういった特性がある自閉症スペクトラムの傾向のある子どもに焦点を当てていきます。

　ただし、自閉症のある子ども（この本では、「自閉症の子ども」と書きます）は、自閉症スペクトラムの特性に加えて、知的な遅れが伴います。一方、アスペルガー障害のある子ども（この本では、「アスペルガー障害の子ども」と書きます）は、知的な遅れがない、あるいは目立ちません。医学的には、区別せずに診断名をつけることが多くなりましたが、保育のなかでは、子どもに知的な遅れが目立つかどうかで、対応が異なります。そのため、この本では、自閉症の子ど

も、アスペルガー障害の子どもの両方に共通してみられることやその対応は、「自閉症スペクトラムの子ども」とし、アスペルガー障害の子どもにみられることとは分けて書くことにしました。

　この本では、自閉症スペクトラムの子どもの事例を用いながら、その子どもや保護者、まわりの子どもたちにどのように対応することが望ましいのかをクイズ形式で考えられるように構成しています。クイズに答えながら、自閉症スペクトラムの子どもへの日ごろの対応が適切であったのか、なぜその対応をする必要があるのかを確認してください。本書によって、先生方が自信を持って保育にあたることができることを心より願っております。

2017年9月

水野智美

目 次

第3章 **アスペルガー障害の子どもの保育**

第4章　保護者への支援

第5章 周囲の子どもへの理解指導

第 **1** 章

自閉症スペクトラムの
子どもの保育の基本

自閉症スペクトラムとは

自閉症スペクトラムとは何？

　「自閉症」「アスペルガー障害」という言葉を聞いたことがある先生は多いと思います。最近では、自閉症、アスペルガー障害という区別をつけず、そのような傾向のある人を広く含めて、「自閉症スペクトラム」（スペクトラムとは「連続体」という意味）と言うようになっています。

　なぜこのように呼ばれるようになったのかと言うと、どこからどこまでの範囲を「自閉症」「アスペルガー障害」と言うのかについての線引きをすることが難しくなったことがあります。また自閉症と診断された人のなかにも、その特徴が強くある人から弱い人まで幅が広いこともその理由のひとつです。

　また、以前は、自閉症やアスペルガー障害を含めて、「広汎性発達障害」と呼ぶことがありましたが、どのような特徴のある子どもを指しているのかが伝わりにくいという問題があったことから、最近では、この言葉はあまり使われなくなっています。

特徴の現れ方は子どもによってさまざま

　自閉症スペクトラムの子どもに共通してみられる特徴として、「ひととのかかわりやコミュニケーションをとることが苦手」「興味の範囲が限定されている」「特定の物や方法にこだわる」ことなどがあります。また、感覚が敏感すぎたり鈍感すぎたりする子どももいます。このような特徴があるため、自閉症スペクトラムの子どもは、先生の指示を聞こうとしない（ように見える）行動をとったり、他の人とかかわろうとしなかったりしますが、決して保護者の愛情不足や育て方が原因ではありません。詳しくはわかっていませんが、生まれつき脳に何らかの障害が起きたためであろうと言われています。

　なお、子どもによって状態の現れ方が異なります。「ひととのかかわりやコミュニケーションをとることが苦手」という特徴を見ても、名前を呼ばれても反応しない子どももいれば、自分からまわりの人に必要以上に話しかけていく子どももいます。

ひととのかかわりやコミュニケーションが苦手

　自閉症スペクトラムの子どもは、適切な距離感を持ってひとと接することが苦手です。そのため、視線が合わない、呼ばれても反応しない、ひとに関心を向けようとしない子どもがいる反面、自分の好きなことだけを一方的に話したり、相手が嫌がっていてもべったりとくっついて離れない子どもがいます。また、表情や声のトーンから、相手がどのように感じているのかを理解することが苦手で、場に合わない言動をすることがあります。先生に注意されている最中に、ヘラヘラと笑っていたり、先生のほくろの位置を指摘したりする子どもがいます。これは、先生が怒っていることを理解できないためなのです。

言葉の理解が難しい

　言葉が全く出ない子どももいますが、言葉によるコミュニケーションができても、先生の話が長かったり、あいまいな表現であったりすると、理解できない子どもがいます。また、言葉を文字通り受け止めてしまうため、慣用句や比喩表現、冗談を理解することが苦手です。

興味の範囲が限定されている

　電車、昆虫、自動車など、ある特定の物については、強い興味を示し、「○○博士」と言われるほどの知識を持っている場合があります。しかし、それ以外のことにはほとんど関心がなく、興味の範囲がとても狭いです。また、同じ動作や会話を飽きずに延々と繰り返す子どもがいます。扇風機や換気扇のファンをひたすら見ている、気に入ったフレーズを繰り返ししゃべっていることがその例です。

特定の物や方法にこだわる

　自閉症スペクトラムの子どもは、自分が気に入った物、自分が決めたやり方にこだわることがあります。なぜなら、ひとや環境のわずかな変化に強い不安を感じるため、いつも同じように生活していきたいからです。スケジュールが突然、変更になったり、担任の先生が急に休んで他の先生に代わったりすると、非常に不安が高まってしまうことになります。

興味の範囲が限定されている

特定の物や方法にこだわる

2 自閉症スペクトラムの子どもに見られる特徴

　自閉症スペクトラムの傾向がある子どもには、いろいろな問題が起こってきます。ここでは、子ども支援研究所（2017）が作成した自閉症スペクトラムのある子どもによくみられる特徴を紹介します。ただし、これは自閉症スペクトラムがあると断定するためのチェック項目ではありません。どのような子どもが支援を必要としているのかを先生が知るための手がかりとして活用してください。

- 自動車のチャイルドシートなど身体を締め付けられることを嫌がる
- 赤ん坊のころから抱っこされることを嫌がる（大人が抱っこしようとすると、のけぞったり、身をよじったりする）
- 手をつなぐのを嫌がる
- 締め付け感のある服を嫌がる
- 洋服のタグが身体に触れることを嫌がる
- 帽子のゴムがあごに触れることを嫌がる
- 靴下を履くことを嫌がる
- 足裏にごみや砂などがつくことを嫌がる
- のりなどのベタベタするものを嫌う
- すぐに手を洗いたがる
- 服が少し濡れただけでも着替えをしたがる
- ちょっとした傷を気にしすぎる（虫刺されやかさぶたをとても気にする）
- 大きな物音がしても、聞こえていないように行動する
- 他の人が気づかないような物音に気づく
- けがをしていても痛がる様子がない
- 少しの光でもまぶしがる
- ザワザワしたところに行くと耳をふさぐ（人が多いところに行ったときなど）
- 特定の音が苦手で嫌がる（ドライヤー、掃除機、トイレのジェットタオル、花火など）

- ひとり言（テレビCMのフレーズ、アニメ主人公のセリフ、両親の口ぐせなど）が多い
- 「何を食べたいの？」と聞くと「何を食べたいの？」とおうむ返しで答える
- 子ども自身は言葉を話しているが、話が一方的で会話が成立しない（相手の話を聞いて話すのではなく、自分が話したいことを話す）
- 言葉を文字通りにとらえる（嫌味や比喩、例え話が伝わらない）
- 抑揚の無い話し方をする
- 年齢に合わない大人のような言い回しをする（こんな言葉をよく知っているねと感心するような感じ）
- いろいろなことについて、へ理屈を言うことが多い
- 状況に合わない発言をする
- 相手の気持ちを考えない発言をする（「おばちゃん、太ってるね」などと見たままの発言をする）
- 呼びかけても、振り返らない
- 何度も「これでいいの？」と確認をしてくる
- 言葉を話せても、「て・に・を・は」を使っていなかったり、使い方が間違っている

- 極端な偏食がある（白いご飯しか食べない、初めて見るものは全く食べようとしない、特定のメーカーの食品しか食べない）
- （保育所や幼稚園で）いつも決まったトイレ（便器）を使う
- ３歳を過ぎても、オムツの中にうんちやおしっこが出ていても気にしない
- 自分の家以外のトイレに行くことを嫌がる
- おしっこはトイレでできるが、うんちはオムツの中にしかしない
- 水遊びをやめられない（水道や洗濯機、トイレの水などをずっと眺めていたり触ったりする）
- 昼寝をしない／夜によく寝ない（乳児期を過ぎても睡眠のリズムが定まらない）
- 寝ついてもちょっとした刺激ですぐに目覚める
- 毎日同じ手順や道順にしないと怒る（同じ道を通って保育所、幼稚園に行く、身支度の順番が決まっている）
- 予定が変わると泣き叫ぶ（いつも見ている番組が放映されなくなったときなど）
- 自分で決めた順番通りに進まないと泣いて怒る
- 自分で決めた置き場所、やり方にこだわり、他の人がそれに従わないと激しく怒る
- 幼稚園や保育所の先生や友だちの顔を覚えられない（例：２年間同じクラスで過ごしている子どもの顔の区別ができない）
- １つだけ指示をされれば行動できるが、同時に２つ、３つの指示をされると、途中で何をすればよかったのかがわからなくなる

運 動 ・ 動 作

- 小走りをする時に、足のかかとが地面に着かず、つま先立ちになる
- その場でくるくると回る
- 意味もなくぴょんぴょんと飛び跳ねる
- 目を細めてキラキラしたものを見る
- 顔の前で手をひらひらさせる
- 姿勢よく座ることが苦手で机やいすの背もたれにもたれかかる
- 「気をつけ」の姿勢をとらせても、すぐに体がぐにゃぐにゃする
- 走り方がぎこちない（両手を前に突き出して走るなど）
- 縄跳びや跳び箱、マット運動が苦手である
- ごろごろと床に寝転ぶ
- ２つ以上の動作を同時にできない（手と足を同時に動かす、右手と左手で違う動きをするなど）
- エスカレーターに乗るのが苦手
- 動いている物をとることが苦手（飛んできたボールをキャッチするなど）
- おどりの振り付けをまねすることが苦手
- コップを使うときに手をうまく返せず、飲み物がこぼれる
- 棚の上、タンスの上などの高いところに登りたがる
- 穴が空いているところに物をつめたがる（コンセントに定規を入れる、鉛筆削りに指をいれようとするなど）
- ロッカーや机の下など狭いところに入りたがる（入ると落ち着く）
- （幼稚園や保育所で）先生の指示からワンテンポ遅れて行動する

コミュニケーション

- バイバイをするときに、手のひらを自分に向ける
- 他の人の手を取って、自分の欲しいものを取ろうとする（クレーンのように他の人の手を使う）
- 欲しい物があっても、指差しをして要求しない
- 興味を持った物を指差しで伝えない（「あれを見て」と大人に指を差して伝えない）
- 表情があまり変わらず、楽しいときでも楽しそうな顔にならない
- 大人が笑いかけても笑顔で返さない
- 相手が嫌がっていても、べったりとくっついて離れない
- 知らない人に無防備に近づいていく
- 状況に応じた声の大きさがわからない（電車の中など、小さい声で話さなくてはならないところで大きな声を出す、など）
- 親や先生が怒っているのに、怒っていることが全く伝わらない（表情から気持ちを察することができない）

遊　び

- （3歳を過ぎても）周りの子どもに関心がなく、一人遊びばかりしている
- 一人で遊んでいるところに他の人が入ってくることを激しく嫌がる
- 自分の世界に入って遊ぶ（自分の世界のなかで話を作って一人で遊んでいる）
- 関心のあることについては強い興味を示すが、関心のないことは話を聞こうとしない（自分の好きな虫のことについては非常に詳しいが、関心のないお遊戯には見向きもしない）
- 勝ち負けにこだわり、負けると激しく怒る
- ひどく嫌なことがあると自分の頭を壁や床に何度もぶつける
- 激しく泣き叫んでいても、少し経つと（5分〜30分）、何事もなかったようにケロッとしている
- おもちゃや物（ブロックやスリッパなど）を並べて遊ぶ（本来のその物の使い方をしていない）
- おもちゃを横から眺めて遊ぶ
- まわりの人に見られると恥ずかしいと思うような行為（性器いじり、自分の唾で遊ぶ、好きな人や物をなめるなど）を、人の前で平気でする
- こだわりが強い（いつも同じおもちゃを持っている、いつも同じ洋服を着たがる、いつも同じ友だちと遊ぶなど）
- とても嫌な経験をした場所には入ることも近寄ることもできなくなる
- カレンダーをめくることを好む
- 数字やマーク、国旗などに早い時期から興味をもつ
- 決められた物を作ったり、見本があるものを描いたりすることはできても、自由に絵を描いたり、ブロックで組み立てたりすることが苦手である
- 絵本のストーリーに興味をもたない（絵本を見ていても、ストーリーとは関係のない挿絵、仕掛け絵本の仕掛け部分を楽しんでいるなど）

受 診

- 泣き叫んでしまい、口を開けたり、喉の奥を見せたりできない
- 耳鼻咽喉科で鼻や耳の吸引の音を怖がる
- 診察で医師や看護師から尋ねられても全く異なる内容（自分の言いたいこと）をしゃべる
- 眼科や耳鼻咽喉科での診察で使うライトを嫌がる
- 口の中の診察、特に歯科での診察ができない
- 行ったことがない病院や診療所に行くと、いつもより興奮して落ち着きがなくなる
- 暴れてしまい、点滴をすることができない
- 注射の際に、周囲の大人が耳をふさぎたくなるくらい大声で泣き、激しく暴れる
- 待合室で、長時間待つことができない
- 一度、嫌な体験をすると、診察室に入ることができない。診療所の入り口に近づくこともできない
- 絵本や決まったおもちゃを見つけるとそこから離れることができない

自閉症スペクトラムの子どもの表情

　自閉症スペクトラムの子どものなかには、表情の変化があまりない子どもがいます。まわりの子どもたちが笑っているときに、その子どもだけ無表情ということがあります。表情の変化があまりない理由は、いくつかあります。まず、その場の状況判断ができなかった（みんながなぜ笑っていたのか、何が楽しかったのかがわからなかった）ことが考えられます。自閉症スペクトラムの子どもは、言葉によるコミュニケーションだけでなく、相手の表情やその場の空気を読むことが苦手であることが関係しています。

　また、自分の感情をどのように表せばよいのかがわからないことも表情の変化が乏しい理由です。定型発達をしている子どもは、赤ちゃんの頃から、周囲の人の表情を見て、自分の気持ちの表し方を自然に学習していきますが、自閉症スペクトラムの子どもは「この表情は、こういう気持ち」と一つずつ教えていかなくては学習できず、自分でその表情をつくることも難しいのです。

3 自閉症スペクトラムに 併存しやすい障害や病気

ADHD（注意欠如多動症）

　ADHD とは、日本語で「注意欠如多動症」「注意欠如多動性障害」「注意欠陥多動性障害」などと言われます。ADHD には、「不注意」（気が散りやすく、集中力が持続しない）、「多動性」（落ち着きがなく、常に動き回っている）、「衝動性」（頭ではやってはいけないことがわかるが、つい衝動的に行動してしまう）の３つの特徴があります。この３つの特徴のすべてがある子ども、不注意が目立つ子ども、多動性や衝動性が目立つ子どもがいます。自閉症スペクトラムの子どものなかには、ADHD の傾向がある子どもが多くいます。

LD（学習障害）

　LD とは、日本語で「学習障害」「限局性学習症（障害）」などと言われます。知的な発達の遅れは目立たないのですが、聞く、話す、読む、書く、計算する、推論することのどれかが著しく苦手である状態を指します。幼児期にはあまり目立たず、就学後の学習が始まってから明らかになっていくことが多いです。

発達性協調運動障害

　発達性協調運動障害とは、目と手の両方を使う、手と足を同時に動かすなど、同時にいくつかの動作を行う運動（協調運動）が苦手で、全身を使う運動（粗大運動）や指先を使う運動（微細運動）に不器用さが目立つことを言います。例えば、跳んできたボールを目で追いながら、タイミングよく手を伸ばして受け止めなければならないことから、ボールをキャッチすることが苦手な子どもが多いです。その他に、ダンスや体操、ボタンかけ、ひもむすび、スプーンやはしを使うことがとても苦手な子どもがいます。

てんかん

　脳の神経細胞が異常に興奮して、発作が起こる病気をてんかんと言います。てんかんの発作は、手足をガクガクと曲げ伸ばしたり、手足が突っ張り身体が硬くなるものから、身体が一瞬ピクッとするだけのものまで、さまざまな状態があります。

二次障害を防ぐために

二次障害とは

　自閉症スペクトラムの子どもは、新しい場所に適応することが苦手であったり、柔軟に対応できなかったりすることがあります。先生や保護者がその子どもの特性を理解し、困難を軽減できるように支援できれば、子どもは生活のしづらさが軽くなっていきます。

　逆に、先生や保護者に特性を理解してもらえず、「どうして、みんなと同じようにできないの？」「みんなはがまんできるのに、なぜあなたはがまんができないの？」などと叱り続けられたり、まわりの友だちからいつも笑われたり、からかわれたりすると、子どもは本来、抱えていた困難とは別の問題が生じるようになります。それを二次障害と言います。二次障害を抱えた子どもは、「自分はダメな子」と考え、「どうせ、やったってできっこない」などと最初からあきらめてしまうようになります。二次障害になった子どもは、自己肯定感が低く、大人になっても自分に自信を持てない状態が続いてしまうケースが多くあります。

大人が見過ごすと、子どもがつらい思いをすることになる

　自閉症スペクトラムがあるにもかかわらず、見過ごされて大人になった人のなかには、うつ病などの精神疾患を患う人がいます。また、不登校や引きこもりという問題が生じているケースもあります。こだわりの特性が強くなってしまい、何度も手を洗わなくては気がすまないとか、忘れ物がないかを何度も確認しないと家を出られないなど、強迫性障害を患う人もいます。適切な対応を受けなければ、将来的に子ども自身がつらい思いをすることになってしまうのです。

二次障害を防ぐためには

　何よりも先生や保護者が子どもの特性を十分に理解し、生活のしづらさを取り除くことが大切です。その上で、子どもが「できた！」「わかった！」と感じられるような成功体験をたくさん経験させるのです。子どもが失敗しない環境を整え、できるだけ叱らないこと、むやみに叱らないことが重要なのです。「自分はできる」と子ども自身に感じさせることができれば、自己肯定感を高めることができ、二次障害を防ぐことにつながります。

5 絵カードの作り方、使い方

絵カードとは

　絵カードとは、コミュニケーションを補助するために用いるイラストや写真のことです。自閉症スペクトラムの子どもは、言葉だけでの指示では伝わりにくいため、絵カードがあると「今、何をすればよいのか」がわかりやすいのです。たとえば、先生が「クレヨンをもってきます」と声をかけただけでは動けなかった子どもが、絵カードを見ることによって、「クレヨンをもってくる」ことがわかり、他の子どもと同じように行動できるようになります。

絵カードの作り方

　子どもが絵カードを見て、何が示されているのかがわかることが必要です。そのため、1枚の絵カードには1つの意味しかもたせてはいけません。ホールでダンスをしている子どもを描いたカードを「ホール」という場所を示すときと「ダンスをする」ときの両方に使おうとすると、子どもはそのカードを見せられても、先生がどちらを指示しているのかがわかりません。また、絵カードの背景に必要のないものを描いてしまうと、子どもはそちらの絵に注目してしまい、先生が見てほしい部分を見てくれないことがあります。

絵カードを使うときの注意点

　絵カードは、必ず言葉をかけながら使ってください。例えば、上ばきをはくように促すときには、「上ばき」の絵カードを見せながら、「上ばきをはきます」と声をかけます。言葉と一緒に絵カードを用いることによって、子どもは絵カードを手がかりに、言葉を覚えていくことができ、徐々に絵カードがなくても言葉を聞いただけで先生の指示がわかるようになっていきます。

　また、禁止（×カード）よりも、ほめること（○カード）を多く用いるようにしてください。禁止を表した絵カードを見せることによって、それまで先生が何度、注意しても繰り返されていた行動がピタッとおさまることがあります。しかし、絵カードで禁止ばかりをしていると、絵カードは自分の行動を制限させられるものと子どもが感じて、見ることが嫌になってしまいます。子どもが少しの時間でもできていたら○カードを出してほめるようにしてください。絵カードは「楽しいもの」「ほめられるもの」という感覚を子どもに持たせることが大切です。

自閉症スペクトラムの子どもの就学先をどう選んだらよいか

就学先には、どのようなところがあるの？

　自閉症スペクトラムの子どもが通う就学先の選択肢として、通常学級、特別支援学級（自閉症スペクトラムの子どもは、その中の情緒障害学級に通うケースが多いです）、特別支援学校があります。また、通常学級に在籍しながら、子どもの抱えている問題に応じて個別の学習を週に2回程度受けることができる「通級による指導」という制度があります。特別支援学級に在籍していても、通常学級で受けられる授業（たとえば、生活科や体育、図工など）は通常学級で受けるようにしている学校がほとんどです。

　通常学級は、子ども40人につき教員は1人です。特別支援学校は、子ども6人につき教員が1人配置されており、特別支援学級もクラスの人数の上限が8名となっています。このことからも、特別支援学校や特別支援学級は、少人数である分だけ、子どもの特性に応じた支援が行われていると考えられます。

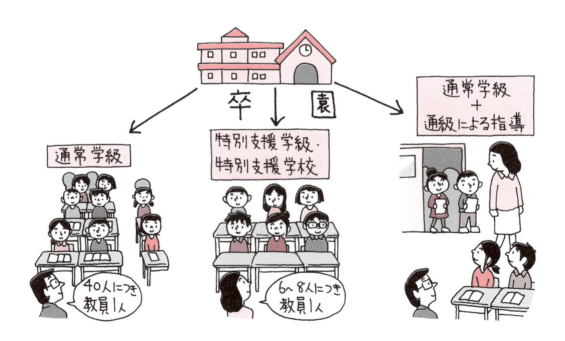

特別支援学校や特別支援学級での工夫

　特別支援学校や特別支援学級では、少人数で学べることから、子どもの特性やペースに合わせて学習することができます。また、特別支援学校や特別支援学級では、子どもが将来的に自立できるように、それぞれの子どもが抱えている学習上や生活上の課題に取り組む自立活動という時間が設けられています。

交流学習や共同学習がある

　特別支援学校や特別支援学級に就学すると、障害のない子どもとの交流がなくなるのではないかと心配されることがあります。しかし、最近では通常学級の子どもと一緒に活動や学習をする時間を持つ学校が増えてきました。特別支援学級が同じ学校の子どもたちとの交流の時間をもつことはもちろんですが、特別支援学校でも、近隣の小学校と定期的に交流し、一緒に遊ぶ時間を設けたり、共同で勉強をする活動をしています。

就学先を選択する際の保護者の不安

　保護者にとって、わが子の就学先を決定する際には、大きな不安があります。わが子が他の子どもとちょっと違うと思っていながらも、特別支援学級や特別支援学校に就学させることを決断するのは、勇気がいるものです。保護者の不安を十分に受け止めながら、どの学校に通うことが最も子どもにとって安心できる環境になるのかを一緒に考えましょう。

通常学級の方が子どもが成長できると考える保護者

　保護者の中には、特別支援学校や特別支援学級では、刺激が少なく、子どもがこの先、成長できないのではないかと心配する場合があります。しかし、自閉症スペクトラムの子どもの中には、感覚過敏があり、通常学級の中で起こるさまざまな音や動きの刺激に疲れてしまうケースがあります。そうすると、その子どもは自分のペースを乱され、かえって学習や生活が送りにくくなってしまいます。

就学の流れ

10月から11月にかけて、地域の小学校において、来年度に入学する予定の子どもの健康診断（就学時健康診断）が行われます。その際に行われた検査の結果をもとに、市町村の教育委員会が子どもにどの就学先が適切かを判断します。しかし、短時間で多くの子どもの検査を行うため、普段の様子や特性を十分に把握できるとは限りません。先生が特別支援学校や特別支援学級に就学した方がよいだろうと考えている子どもが、そのような判定を受けないことがあります。

保護者が、わが子の特性に気づいている場合には、市町村が実施する就学相談を事前に受けてもらうように促しましょう。就学相談は、市町村の教育委員会で4月頃から随時、受け付けています。就学相談では、保護者との面談、子どもの行動観察、子どもへの検査（発達検査や医学診断）をします。また、相談員が園での様子を見に来たり、先生に子どもの様子を電話で尋ねることもあります。保護者の意見を尊重しつつ、子どもに適切な就学先を時間をかけて検討してくれます。

7 就学後に子どもが困らないために、小学校とどのような連携が必要か

要録の作成、引き継ぎはしっかりと

　年長（5歳）児を担当したことのある先生は、幼稚園幼児指導要録、保育所児童保育要録、認定こども園こども要録（以下、要録）を書いたことがあることでしょう。要録は、小学校の先生が子どもの状態を知るための大切な手がかりとなります。そのため、在園中の子どもの様子、特性、どのような対応が有効であったのかなどが細かく記されていると、就学後に子どもがスムーズに小学校生活を送ることができます。

　ただし、要録はスペースに限りがあります。また、保護者から要求があれば、開示しなければなりません。保護者が子どもの障害を受容できていない場合には、あまり詳しく書けないこともあります。要録では書ききれなかったことを補うために、就学前に小学校教員としっかりと引き継ぎの時間を持つことが大切です。引き継ぎの際には、子どもがどのように成長してきたのか、どのような対応が有効であり、逆に有効でなかったのか、保護者の障害受容の程度はどうかなどを具体的に話しましょう。

要録の作成 ＋ 引き継ぎ

第 2 章

自閉症スペクトラムの子どもの保育

自閉症スペクトラムの子どもへの対応の基本

「はっきり・短く・具体的に」伝えよう

　自閉症スペクトラムの子どもの多くは、相手の話している内容を理解することが苦手です。その原因は、相手が話している言葉の意味そのものがわからないこと、一度にたくさんの言葉で話されたり、複数の指示をされても覚えておくことができないこと、抽象的に言われても、どうすればよいのかがわからないことなどです。そのため、以下に示すことを心がけ、「はっきり・短く・具体的に」伝えるようにしてください。

ポイント

● 一文を短くする
● 本人が主語になるように指示をする（✕「靴を履きましょう」 〇「靴を履きます」）
● 指示は、一つひとつ出す（✕「カバンをロッカーにしまったら、いすに座ります」
　〇「カバンをしまいます」⇒（しまい終えたら）「いすに座ります」）
● 目で見てわかる手がかり（絵カードや実物、ジェスチャーなど）を用いながら話す
● 具体的にイメージしやすいように伝える（✕「ちょっと待っていてね」〇「10数えるまで座っています」）

目で見てわかる手がかりが重要

　自閉症スペクトラムの子どもは、言葉では内容がわからなくても、目で見れば理解できる子どもが多くいます。それを専門用語で、「視覚優位」と言います。そのため、子どもに話をする時には、絵カードや実物、ジェスチャーをつけて話すようにしてください。最初は目で見てわかる手がかりがなければ行動に移せなかったことでも、言葉と手がかりが結びついて、徐々に言葉だけで指示が伝わるようになります。

先の見通しがあると安心

　自閉症スペクトラムの子どもは、先の見通しがないと、ひどく不安になることがあります。そのため、先の見通しをもてるように一日の流れを示します。なお、一日の流れは、ホワイトボードなどに1列で上から下、あるいは左から右の順に示します。裏にマグネットのついた絵カードを貼るとよいでしょう。終わったら、はがしてそのカードを見えないようにすると、今は何をしている時で、次は何をするのかがわかりやすいです。

子どもが嫌いな刺激はできるだけ避けてあげよう

　自閉症スペクトラムの子どもは、定型発達の子どもに比べて感覚が敏感すぎることがあります。そのため、一般的には特に何も感じないような音やにおい、光、触感などをひどく嫌がったり不快に感じたりすることがあります。楽器遊びをする時に、タイコやシンバルの音が鳴ると、泣いたり、耳をふさいだりする子どもがいますが、それはタイコやシンバルの音を不快に感じるからです。そのような子どもに、「みんなはがまんしているのだから、あなたもがまんしなさい」と伝えても、何の解決にもなりません。

　子どもが苦手にしている刺激が特定できたら、できるだけその刺激を避けるようにしてください。たとえば、製作活動の時に手にのりがつくことを嫌がる子どもには、スティックのりをつかったり、ぬれた手ふきを子どもの近くにおいて、すぐに手をふけるようにします。楽器遊びのタイコを嫌がるのであれば、タイコを使う活動の時だけ職員室に避難させます。

　その一方で、子どもが苦手な刺激をどうしても避けられない場合があります。その際には、スモールステップであせらず、ゆっくりとその刺激に慣れるようにしてください。

濡れた手ふき

できるだけ変化を少なくしよう

　自閉症スペクトラムの子どもは、変化が苦手です。この先がどうなるかを予測することが得意でないことから、いつもと少しでも違う状況になると、不安になってしまうのです。そのため、急激に状況が変わることがないように配慮する必要があります。例えば、進級して靴箱や部屋が変わることになっても、靴箱やロッカーなどは、進級前と同じ位置にします。また、入園当初から使っていたマークは同じ物を使い続けることが大切です。

変化がある時には、事前予告を

　なるべく変化が少なくなるように心がけても、毎日、同じスケジュールで変化なく過ごすわけにはいきません。行事の際には急な変更もあります。その時には、事前にどうなるのかを子どもに伝えておきます。例えば、いつもは外遊びをする時間に内科検診をするのであれば、一日の流れを示したボードの前に子どもを連れて行き、外遊びの絵カードを内科検診に替えて、「今日は、内科検診です」と予告しておくのです。

「ちゃんと」「きちんと」「しっかり」の指示は禁句

　「ちゃんと」「きちんと」「しっかり」という言葉を日常的に使っていませんか？「きちんと座りなさい」と言われれば、定型発達の子どもは、こう座ればよいのだろうと想像することができます。しかし、自閉症スペクトラムの子どもは、「ちゃんと」「きちんと」「しっかり」と言われても、実際にどうすればよいのかをイメージできないため、結果的に先生の指示に従えなくなります。

　自閉症スペクトラムの子どもには、どうすればよいのかを具体的に伝えることが必要です。クレヨンを片付けるときに、「ちゃんとしまいます」と言うのではなく、「クレヨンを箱に並べてしまいます」のように言えば、伝わりやすくなります。

1. 話しかけても、聞いていない

CASE

　自由遊びが終わる時間になって、クラスのみんなに片付けるように言い、さとしくんにも片付けるように声をかけるのですが、さとしくんは先生の声が届いていないように、いつも遊び続けています。

? さとしくんに、
どう対応したらよいでしょうか？

A

何度もさとしくんに声をかけて、片付けの時間であることを気づかせる

B

さとしくんの前に行き、さとしくんが手を止めて先生を見てから、片付けるように伝える

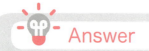 **Answer**　　　　　　　　　　　　　　答えは… **B**

さとしくんの前に行き、さとしくんが手を止めて先生を見てから、片付けるように伝える

話しかける時には、子どもの意識を先生に向けさせよう

　自閉症スペクトラムの子どもは、夢中になっていることがあると、そこだけに注意が向き、先生が後ろや遠くから声をかけても、その子どもの耳には全く届きません。まずは、子どもの前に行き、肩を軽くたたきながら子どもの名前を呼んで、先生の方に意識を向けるようにしてください。子どもが先生に視線を向けてから声をかけるようにします。

わざと聞いていないのではない

　大人の指示に従いたくないために、子どもはわざと聞いていないふりをしているのではないかと感じる先生がいますが、そうではありません。自閉症スペクトラムの子どもは、あちらにもこちらにも注意を向けることが苦手です。そのため、手元に集中していると、話しかけられていることに気づかないのです。

2. 言葉で言っても、伝わらない

CASE

　かなちゃんは、毎日、同じように指示されていることであっても、言葉だけでは伝わりません。一斉に活動する時には、まわりの子どもを見ながら、動くことができるのですが、かなちゃんにだけ指示をすると、どうすればよいのかがわからず、その場で立ちすくんでしまいます。

❓ かなちゃんに、どう対応したらよいでしょうか？

A

絵カードを使いながら指示をする

B

1回で伝わらなければ、何度も繰り返して指示をする

絵カードを使いながら指示をする

目で見てわかる手がかりを使おう

　自閉症スペクトラムの子どもの多くは、言葉で伝えられたら何をすればよいのかがわからないけれども、絵カードやジェスチャーなど、目で見てわかる手がかりがあると理解できるケースが多くあります。目で見てわかる手がかりがあれば、それをもとに、「この言葉は、こういうことだ」とわかり、自信をもって行動していくことができます。

たくさんの言葉を使って話しかけても、言葉の学習につながらない

　たくさんの言葉を使って話しかけていれば、そのうち子どもは言葉を覚えるだろうと考えるのは誤りです。言葉と実物、行為が一致する体験を何度も繰り返すことで、「この言葉はこういう意味だ」と子どもは学習していきます。できるだけ文章を短くして、多くのことを伝えないように意識して声をかけるようにしてください。

3. 相手が言ったことを繰り返し言う

CASE ･･･････････････････

　さとしくんに、「今日は誰と来たの？」と聞くと、「今日は誰と来たの？」と返ってきます。「何歳ですか？」と聞いても、「何歳ですか？」と答えます。同じ年齢の子どもたちは、答えられる質問にも、いつも淡々とした口調で繰り返すだけです。

？ さとしくんに、どう対応したらよいでしょうか？

正解を伝え、本人に繰り返し言わせるようにする

先生が正解を答えるだけにする

おうむ返しはコミュニケーションをするための第一歩

　相手が言ったことをそのまま繰り返すことをエコラリア（おうむ返し）と言います。エコラリアは、子どもが何を質問されているのかがわかっていない場合と、質問の意味はわかっているけれども、どう答えてよいのかがわかっていない場合があります。いずれの場合も、コミュニケーションをとるための前段階です。コミュニケーションをすることは楽しいことであることを子どもが感じられるようにするためにも、焦らず、この質問にはどのように答えればよいのかの正解を何度も繰り返し、伝えてあげましょう。

子ども自身が答えることを急かしてはだめ

　子どもに、返答を言い直させたり、無理やり正解を言わせたりすると、返事をすることが楽しくなくなってしまい、結果的にコミュニケーションをとる意欲が身につきません。先生と楽しく会話をすることを目標として、今は先生が正しい答えを子どもに聞かせる程度にしてください。子どもは、先生の答えを耳で聞くことを繰り返すうちに、自分から話すことはなくても、「この時にはこう答える」と理解できるようになります。

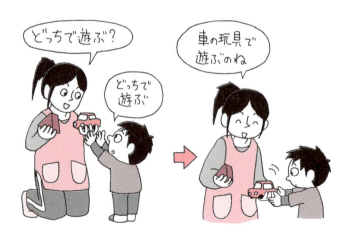

4. ひとり言をぶつぶつ言っている

　かなちゃんは、しょっちゅう大好きなアニメのセリフをぶつぶつと話しています。いつも楽しそうにひとり言を言っていますが、静かにしなくてはならないところでも、ひとり言が止まりません。午睡時に、みんなが寝ようとしている時にも、かなちゃんはひとり言を言い続けています。

 かなちゃんに、
どう対応したらよいでしょうか？

声の大きさを意識させるようにして、小さな声で話す練習をする

ひとり言を言い始めたら、とにかくやめさせる

声の大きさを意識させるようにして、小さな声で話す練習をする

ひとり言をやめさせようとしても、止まらない

　自閉症スペクトラムの子どもにとって、ひとり言は楽しい遊びの一種です。手持ち無沙汰のときにひとり言を言うことが多いのです。その子どもがひとり言を話すことが、誰かに迷惑をかける行為でなければ、無理にやめさせる必要はありません。先生がやめさせようとしても、子どもはその瞬間だけ話すのをやめますが、すぐに話し出してしまいます。声を出して話すと誰かの迷惑になるようなときには、小さな声で話せる練習をしてください。

日頃から声の大きさを意識する遊びをしよう

　「小さな声で話すように」と伝えても、どの位の声が小さいのか大きいのかが子どもにはわかりません。最初は、「アリさんの声」「ウサギさんの声」「ゾウさんの声」などと子どもがわかりやすいような動物に例えて、3段階に声の大きさを分けて、イラストとともに、示しておきます。日常の遊びの中でイラストを示しながら、「アリさんの声で」「ゾウさんの声で」などと伝えて、声の大きさを意識させるようにしてください。3段階の音を区別できるようになれば、「0の声」を加え、心の中でお話する音量を作ります。

5. ざわざわした音が苦手で 耳をふさいでしまう

CASE

　さとしくんは、自由遊びのときに、まわりの子どもたちが大きな声で騒ぎ始めると、耳をふさぎ、部屋の隅の方に行ってじっと固まっています。あまりにまわりの声が大きい場合には、部屋から出て行ってしまうことがあります。

❓ さとしくんに、 どう対応したらよいでしょうか？

ここにいて慣れようね

大きな声がするところに子どもを連れていき、音に慣れるようにする

ここにいていいよ

部屋の隅に避難場所を作り、徐々にそこから音に慣れていくようにする

部屋の隅に避難場所を作り、徐々にそこから音に慣れていくようにする

ざわざわした音は自閉症スペクトラムの子どもにはとても不快

　先生やまわりの子どもたちにとっては何でもない音が、自閉症スペクトラムの子どもにはとても不快に感じられることがあります。そのため、ざわざわした音がする場所はとても嫌な環境なのです。その子どもに、無理にその音に慣れるように促しても、その環境をより嫌いになるだけです。苦手な音がする場合に、逃げ込むことができる避難場所を作っておき、そこで気持ちを落ち着かせてあげましょう。

ざわざわした音への対処法

　自閉症スペクトラムの子どもが苦手な音は、できるだけ避けてください。たとえば、まわりの子どもたちが一斉にいすを動かす音が嫌いな子どもがいる場合には、古くなったテニスボールを譲り受けて、いすの足にはめる、自閉症スペクトラムの子どもがイヤーマフをするなどです。避けることができない音の場合には、スモールステップで、避難場所から少しずつその音に近づいていき、慣れていくようにします。

テニスボール

パニックを起こした際の
対応の仕方

パニックとは

　自閉症スペクトラムの子どもが激しいかんしゃくを起こしたり、泣き叫んだり、激しく怒りわめく状態をパニックと言います。パニックを起こしているときに、激しく泣くだけでなく、自分の手をかんだり、床や壁に頭を打ち付けたり、他の人をたたいたり蹴ったり、物を投げたりすることがあります。ひどく混乱して、気持ちのコントロールができない状態です。

なぜパニックが起きるのか

　パニックを起こす原因には、不快な状況である（たとえば、苦手な音がしている、耐えられないにおいがする）、不安を感じたりとまどう状況になる(たとえば、突然、予定が変更になった、知らない場所に連れてこられた)、自分が思うように物事が進まない（たとえば、遊ぼうと思っていたおもちゃがない、やりたくない活動を無理やりさせられる）ことなどがあります。定型発達の子どもは、嫌なことがあれば、言葉

で文句を言ったり、他の楽しいことで気を紛（まぎ）らわせたりして、気持ちをコントロールすることができますが、自閉症スペクトラムの子どもにはそれが難しく、パニックになってしまうのです。

子どもがパニックを起こした際の対応

　子どもがパニックを起こしたときには、子どもが落ち着くまで、そっとしておくことが必要です。なだめたり、身体をさすったり、抱っこをしたりしてはいけません。ましてや、無理に抑え込んでパニックをやめさせようとするのはだめです。

　可能であれば、刺激の少ない場所に連れて行くとよいです。たとえば、部屋の隅に連れて行き、壁の方を向かせるようにするという具合です。場所を移動できない場合には、本人やまわりの子どもがけがをしないように、机やいすをどけたり、頭を打ち付けている場合にはクッションを用意するなどしてください。

　パニックは、長く続く場合には、30分近くになることがあります。子どもが落ち着いてきたときに、子どもが好きな遊びに誘うなど、気持ちを切り替えさせてください。

6. いつも一人で遊んでいる

CASE

　自由遊びの時間には、かなちゃんは一人で遊んでいます。かなちゃんの母親も、かなちゃんがいつも友だちと遊んでいないことを心配し、たびたび相談してきます。

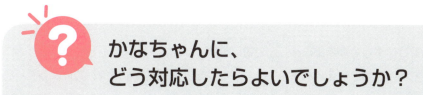

かなちゃんに、どう対応したらよいでしょうか？

A

「かなちゃんも入れてあげて」

近くで遊んでいる子どもにかなちゃんを仲間にいれるように依頼する

B

サラ　サラ　サラ

「かなちゃんはどうして1人で遊んでいるんだろう？」

かなちゃんが一人で遊んでいる理由を考える

かなちゃんが一人で遊んでいる理由を考える

自由遊びの時間は、一人で遊ぶこともよしとしよう

　自閉症スペクトラムの子どもの中には、自分のやり方で誰にも邪魔されずに遊んでいたいと考える子どもがいます。その一方で、仲間に入りたいけれども、遊びのやり方がわからずに、結果的に一人で遊んでいる子どもがいます。一人で遊んでいるのは、どちらによるものなのかをよく観察してください。その上で、子どもが誰にも邪魔されずに遊んでいたいと考えている場合には、一人で遊ぶこともよしとしましょう。

遊びを邪魔しない程度に、子どもの横で同じ遊びをしてみよう

　そもそも、自由遊びは子どもが自由に楽しんで遊ぶ時間です。自閉症スペクトラムの子どもにも遊び仲間を作ってあげたいと考えるあまりに、無理にクラスメートの中に入れてしまうと、その子どもにとって、自由遊びの時間が苦痛になってしまいます。まずは、時間が許すときに、先生がその子どもと同じように遊んでみて、他の人がそばにいることに慣れるようにしてください。

7. 毎日、同じ遊びしかしない

CASE

　さとしくんは、電車が描かれている絵本が好きで、登園後は必ずその絵本を眺めています。他の遊びに誘っても、全く興味を示しません。外遊びをするときも、その絵本を持って行き、外で絵本を眺めています。

? さとしくんに、どう対応したらよいでしょうか？

A

「この電車の絵本、先生と読もう」

別の電車の絵本を用いて、遊びに誘ってみる

B

「見つからないように…」

絵本を隠して、さとしくんが他の遊びに気持ちを向けるようにする

別の電車の絵本を用いて、遊びに誘ってみる

好きな遊びを取り上げても、他の遊びに興味は広がらない

　毎日、同じ遊びをしている理由に、その遊びが好きということ以外に、それをしていると安心できるということがあります。そのため、無理やり子どもから好きなおもちゃ（絵本）を取り上げてはいけません。それによって、園での生活を送ること自体に不安を感じさせてしまいます。好きなおもちゃ（絵本）が手元にないからといって、他の遊びにすぐに興味を移すことはできません。

子どもが好きなおもちゃ（絵本）に似た物から、少しずつ興味の対象を広げよう

　まずは、子どもが毎日遊んでいるおもちゃ（絵本）とよく似ている物で遊びに誘い、少しずつ興味の対象を広げるようにしましょう。最初は、先生が持ってきたおもちゃ（絵本）に興味を示さないかもしれません。その場合には、先生が子どもの横で、そのおもちゃ（絵本）で遊んでください。子どもの持っている物との共通点を見つけ、「同じだね」などと言いながら、子どもの興味をひくようにします。

8. クルクル回っている

CASE

　かなちゃんは、自由遊びのときや手持ち無沙汰のときに、その場でクルクル回っています。音楽に合わせて踊っているわけではなさそうです。

 かなちゃんに、
どう対応したらよいでしょうか？

A 回っていることをやめさせ、別の遊びに誘う

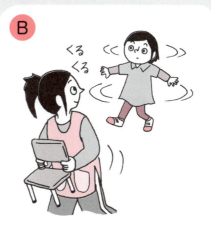

B 子どもがけがや転倒しないように気をつけて、見守る

Answer 答えは… B

子どもがケガや転倒しないように気をつけて、見守る

クルクル回ることは 常同行動の一つ

　その場でクルクル回っていることを常同行動と言います。常同行動は、無目的に見えるような行動を繰り返すことです。クルクル回ることの他に、手をひらひらさせる、飛び跳ねる、身体を揺らすことも、常同行動です。自閉症スペクトラムの子どもは、刺激が少ないときに自分で刺激を作ったり、その行動をすることで安心するときなどに常同行動をします。

本人や周りに危険がおよばなければ、やめさせる必要はありません

　常同行動は、子ども自身や周りの子どもがけがをしたり、周囲に迷惑をかけたりするものでなければ、そのまま続けさせてください。ただし、安全面への配慮は必要です。足元のおもちゃをどける、万が一、転倒して、頭をぶつけないように机やいすを別の場所に移動させる、などです。無理に止めようとすると、子どもはパニックを起こしてしまいます。

9. 高いところに登ってしまう

　さとしくんは、目を離したすきに、高いところに登ってしまいます。ジャングルジムやすべり台の上に登るぐらいならよいのですが、棚の上、ピアノのふたの上、積み上げたいすの上、階段の手すりの上など、危険なところにも登っています。

? さとしくんに、どう対応したらよいでしょうか？

A

落ちたらケガをするのよ

なぜ登ると危ないのかを説明する

B

のぼりません

登ってはいけないことを示す絵カードを棚に貼っておく

登ってはいけないことを示す絵カードを棚に貼っておく

「なぜ、ダメか」よりも「何をしてはいけないのか」を伝えることが大切

　自閉症スペクトラムの子どもは、高いところに登ると、どのような結果になるのかを想像することが苦手です。その上、なぜ登ってはいけないのかを言葉で説明されても、その内容を理解することはできません。幼児期には、「登ってはいけない」ことだけを絵カードを用いて、伝えていくことが重要です。

絵カードを使おう

　登ってはいけないところ（棚の上やピアノのふたの上など）には、あらかじめ登ってはいけないことが描かれた絵カードを貼っておきます。その上で、子どもとその場所に行き、絵カードを指さしながら、「登りません」と教えます。少しでも、登っていない時間があれば、絵カードの○を出して、ほめてください。しかし、登ってしまった場合には、絵カードを指さして、冷静に「登りません」「降ります」と伝え、降りたら、ほめます。

10. 水遊びをやめられない

CASE

　かなちゃんは、水が好きで、手洗い場に行くと、水を出して、手を入れて遊んだり、水が流れている様子を横からじっと見ていたりして、なかなかやめられません。真冬に、洋服が濡れてしまっても、なかなか手洗い場から離れようとしません。

？ かなちゃんに、どう対応したらよいでしょうか？

A

砂時計の砂が全部落ちたら終わりだよ

水遊びをしてもよい時間をあらかじめ伝える

B

水遊びをしません！

かなちゃんが水遊びをし始めたら、すぐにやめさせる

水遊びをしてもよい時間をあらかじめ伝える

無理にやめさせようとしても、うまくいかない

　水遊びが好きな自閉症スペクトラムの子どもは非常に多いです。水がキラキラ光って流れているのを見ることが楽しい、水が手に触れる感覚が心地よいことが、子どもにとって大きな魅力です。水遊びをやめさせようと、無理に手洗い場から離したり、蛇口を閉めたりしても、子どもはパニックを起こしたり、すきを見て水遊びをしに行ってしまいます。

遊ぶ時間のルールを決めよう

　水遊びが好きだからと言って、子どもに好きなだけさせてもよいというわけではありません。いつまで遊んでよいのかのルールを決めるのです。「砂時計の砂が全部落ちたら終わり」というように、「いつまでしてもよいか」を子どもが目で見てわかるようにしてください。ただし、ルールは必ず守らせなければなりません。終わりの時間が来ても、子どもが泣いたら延長するという対応をすると、いつまでたっても子どもはやめることができません。

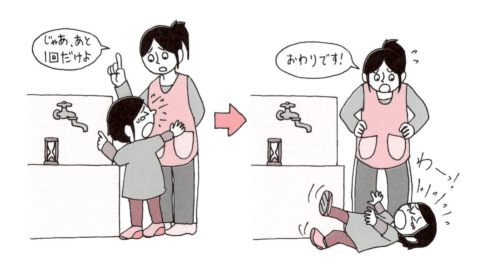

11. 順番を守れない

CASE

　さとしくんは、トイレや手洗い場などで、順番に並ばなくてはいけないときに、どこに立てばよいのかがわからず、ふらふらしてしまい、結局、順番を守れずに抜かしてしまったり、他の子どもに割り込まれたりしてしまいます。

❓ さとしくんに、どう対応したらよいでしょうか？

A

手洗い場の前に並ぶ場所の目印をつけておく

B

どこに並べばよいのかを自分で学べるように、様子を見る

 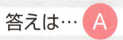
手洗い場の前に並ぶ場所の目印をつけておく

並ぶ場所を具体的に示そう

　自閉症スペクトラムの子どもにとって、具体的にどこに並べばよいのかがわからない場面は苦手です。「列の一番後ろに並びます」と言われても、どこを指しているのかがイメージできないのです。足形があるところを指さして、「足のマークの上に並びます」と言われれば、足形を手がかりにして、並ぶことができます。

足形を頼りに進めば、順番を守れる

　手洗い場やトイレの前の床に、並ぶ方向に足形を向けて何組か貼っておきます。他の子どもたちにも、足形の上に並ぶように伝えます。自閉症スペクトラムの子どもも足形の上に立って並び、前の子どもが進んだら、「足のマークの上に並びます」と話します。それによって、順番に前に進み、他の子どもを抜かすことなく、並ぶことができます。

12. 特定のにおいや音を嫌がる

CASE

　かなちゃんは、かけっこのスタートの合図のピストルの音をとても嫌がり、その音が聞こえると、泣き叫びます。どうしてもピストルを使わなくてはならない運動会のときには、泣き続けています。

かなちゃんに、
どう対応したらよいでしょうか？

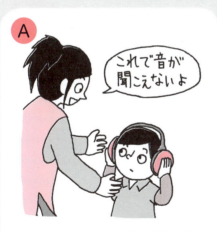

A

「これで音が聞こえないよ」

かなちゃんにイヤーマフを付けさせ、ピストルの音が聞こえないように配慮する

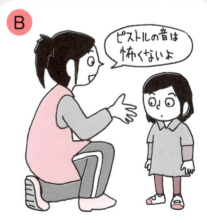

B

「ピストルの音は怖くないよ」

ピストルの音は怖い音ではないことを説明する

Answer

答えは… A

かなちゃんにイヤーマフを付けさせ、ピストルの音が聞こえないように配慮する

先生の感覚で「これぐらいは大丈夫だろう」と判断しないで

　先生や定型発達の子どもにとっては、特に気にならない音やにおいが自閉症スペクトラムの子どもにとってとても不快に感じられることがあります。そのため、先生の感覚で「これぐらいならば大丈夫だろう」と判断して、子どもをその場にいさせることを強制してはいけません。ガラスや黒板をひっかく音を嫌がる定型発達の人は多いですが、自閉症スペクトラムの子どもにとっては、その音の中で生活させられているようなものなのです。

イヤーマフや耳栓を使って、苦手な音を避けてあげよう

　自閉症スペクトラムの子どもにとって苦手な音やにおいがある場合には、その音やにおいをできるだけ子どもから避けるようにしてください。ピストルの音が嫌いな子どもの場合には、イヤーマフや耳栓を付けさせる、ピストルの音が鳴るタイミングで先生が耳をふさぐなどで対応します。なお、かけっこのスタート音は、ピストルでなくてもよいのではないでしょうか。迫力には欠けますが、笛や旗を使うことを考えることも一つの方法です。

13. 午睡をしない

CASE

　さとしくんは、午睡の時間に、なかなか眠ることができ
ません。布団に入っても、ずっとゴソゴソと動いていたり、
脱走しようとします。ようやく眠りについたときに、
ちょっとした物音がすると、その音で起きてしまいます。

ゴソゴソ

❓ さとしくんに、どう対応したらよいでしょうか？

A

トントン

さとしくんの背中をトントンとたたい
て、入眠を促す

B

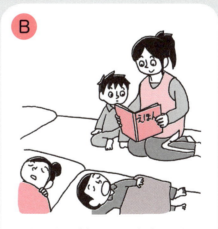

えほん

さとしくんが寝られない場合は、起き
て静かに過ごさせる

無理に寝かしつけなくても大丈夫

　自閉症スペクトラムの子どものなかには、睡眠リズムが確立できない子どもが多くいます。一般的には３歳ごろには、毎日の生活パターンが決まってくると、午睡、夜の睡眠の時間が定まってきます。眠れない子どもを寝かしつけようとしても、子どもにとっては苦痛な時間です。眠れないようであれば、気持ちを切り替えて、起きて静かにその時間を過ごさせるようにしましょう。

眠りやすい環境を整えることも必要

　自閉症スペクトラムの子どものなかには、パジャマや布団、毛布などが肌に触れる感触が嫌だ、タオルケットからにおう洗剤の香りが嫌だ、カーテンの隙間から入る光がまぶしいなどが原因で眠れないことがあります。また、真っ暗な部屋が怖くて眠れない子どももいます。本人が嫌そうにしていることはないかについて見直し、嫌な刺激があれば取り除いてあげましょう。

14. 偏食が激しい

へんしょく

CASE

かなちゃんは、給食のメニューの中で、食べられる食材が限られていて、数種類のおかずと果物しか食べません。ごはんは全く食べようとせず、給食の中で食べられる物がほとんどない日もあります。

？ かなちゃんに、どう対応したらよいでしょうか？

A

食べられる食材に苦手な食材を混ぜて、子どもに見つからないように食べさせてみる

B

最初は苦手な食材が入ったスプーンを自分で持つだけでよしとする

Answer   答えは… B

最初は苦手な食材が入ったスプーンを自分で持つだけでよしとする

偏食の原因を考えよう

　自閉症スペクトラムの子どものなかには、激しい偏食傾向を示す子どもが多くいます。感覚異常がある（苦みを強く感じすぎる、口の中に入れたら痛いと感じるなど）、こだわりがある（白い色の食べ物しか食べないなど）、筋力が弱いためにそしゃくができないなどが、その原因です。まずは、何が原因で食べられないのかの理由を考えてください。

スモールステップで挑戦する

　絶対にやってはいけないのは、強制的に食べさせることです。それによって、子どもは食事をすること自体を嫌になってしまいます。長い目で見ながら、スモールステップで挑戦させましょう。たとえば、ごはんを食べられない子どもであれば、最初の日はごはんの4分の1粒をスプーンに乗せ、そのスプーンを自分で持つことができればよしとします。それができれば、次はスプーンを口の近くまで持っていく、その次はスプーンをくちびるにあててみる、次はなめてみる、次は口の中に入れてみる（すぐに吐き出してもよい）、次は飲みこんでみる、次はごはん粒を2分の1にする、という具合です。

15. 帽子や靴を嫌がる

CASE

　さとしくんは、帽子をかぶることを嫌がります。外遊び
をするときに帽子をかぶるように言っても、いつも嫌がっ
てかぶりません。先日は、外遊びの前に自分の帽子をこっ
そりゴミ箱に捨てており、先生には「帽子、ない」とうそ
をついていました。

？ さとしくんに、どう対応したらよいでしょうか？

A

泣いて要求を通すことを覚えさせない
ように、強制的にかぶらせる

B

帽子の何が嫌なのかを探り、それを改
善した帽子を与えてみる

帽子の何が嫌なのかを探り、それを改善した帽子を与えてみる

感覚過敏が原因で帽子を嫌がる子ども

外遊びの際には、紫外線から守るために子どもには帽子をかぶせたいと考える先生は多いことでしょう。しかし、子どもにとっては、帽子の締め付け感が嫌だ、帽子の中が蒸れていることが不快、ゴムの締め付け感が嫌だ、ゴムが身体に触れるとかゆいなど、感覚が過敏なために拒絶しているケースが多くあります。まずは無理やり子どもに帽子をかぶせるのではなく、帽子の大きさを変える、帽子のゴムを変えるなど、子どもが嫌がらない方法はないかを考えてみてください。

スモールステップで慣れさせることも大切

子どもが帽子を嫌がるために、帽子をかぶらなくてもよいと考えて何も対応しなければ、いつまでたっても子どもは帽子をかぶりません。本人にとって比較的、嫌な刺激の少ない帽子を用いて、最初は5秒でも頭にのせていればほめる、次の日は10秒、その次は15秒、というように少しずつ時間を長くして帽子をかぶれるようにしてください。

16. 行事の際に不安になり、参加しようとしない

かなちゃんは、発表会の練習をしているときは、みんなと同じようにお遊戯の練習に参加していましたが、当日になると、大泣きしてしまい、せっかく振り付けを覚えて踊れるようになったのに、全く舞台に立つことができませんでした。

 かなちゃんに、
どう対応したらよいでしょうか？

A

発表会の前に、過去の発表会のDVDを家庭に貸し出し、雰囲気に慣れさせておく

B

「舞台に出ないと、〇〇（かなちゃんが好きなこと）ができないよ」などと条件を出す

Answer 答えは… A

発表会の前に、過去の発表会の DVD を家庭に貸し出し、雰囲気に慣れさせておく

発表会は普段と環境が大きく異なるため、不安になりやすい

発表会の当日は、登園時間や登園方法など、普段と異なることが多くあります。たとえば、普段は園のバスを利用しているのに、発表会の日は自家用車で登園する、普段は自分の好きな服を着るのに、発表会の日は指定された服を着るなどです。また、園とは異なる場所で行う場合もあります。さらに、普段は園にいない観客が大勢います。このように、いつもとは異なる環境に対して、自閉症スペクトラムの子どもは、非常に不安を感じるのです。

雰囲気を見ておくと不安が軽減する

過去の発表会を録画した DVD を見るだけでも、発表会の雰囲気を感じることができます。大勢の観客がいること、舞台にライトがあたることなどがわかると、少しは不安が軽くなります。また、発表会の会場が園とは異なる場合には、保護者に協力を求め、事前に会場の下見を何度かしておくとよいでしょう（建物の外から見るだけでもよいです）。

17. 場面の切り替えが難しい

CASE

　さとしくんは、自由遊びの時間に、好きなパズルをしていると、片付ける時間になっても、決してやめようとしません。次の活動が始まっていても、一人だけパズルをしていることがあります。

? さとしくんに、どう対応したらよいでしょうか？

A

遊び始める前に、あらかじめ終了の時間を伝えておく

B

さとしくんが納得してやめられるまで、待つ

Answer　　　　　　　　　　　　　　答えは… A

遊び始める前に、あらかじめ終了の時間を伝えておく

いつが終わりであるのかの心づもりをもたせよう

　楽しく遊んでいるときに、突然、その遊びを取り上げると、自閉症スペクトラムの子どもの多くは激しく怒ります。それは、いつまでその遊びをしていてもよいのか、次にいつその遊びをできるのかを想像できないためです。子どもが遊び始める前に、いつまで（あるいは何回）、その遊びをしてもよいのかをあらかじめ決めておくのがよいです。そうすると、いつまでに終わらなければならないのかの心づもりができます。

ルールを決めたら徹底しよう

　「5回やったらおしまい」というルールを決めたら、必ず5回でやめるようにしなければなりません。5回終わったときに、子どもがぐずったために、もう少し続けさせている先生を時々みかけますが、これでは子どもはぐずればルールを破ることができることを学習してしまいます。いくら子どもが泣いても、スルーをして「おしまいです」と言って、ルールを徹底します。子どもが泣かずにいたら、たくさんほめて、がまんすることを学習させます。

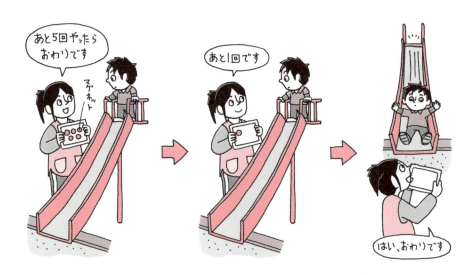

18. 活動の途中で床にゴロゴロと寝そべってしまう

CASE

　かなちゃんは、活動が始まるときにはみんなと同じようにやり始めますが、途中から床にゴロゴロと寝そべってしまいます。特に、午後になると、ゴロゴロしている時間が増えます。

？ かなちゃんに、どう対応したらよいでしょうか？

A

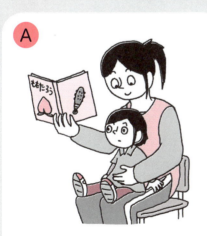

先生の膝の上に座らせ、ゴロゴロしないようにする

B

あっちでゴロゴロしようね

活動の合間にゴロゴロする時間を設ける

活動の合間にゴロゴロする時間を設ける

ゴロゴロする子どもには、休息の時間を設けよう

　自閉症スペクトラムの子どもだけでなく、発達障害傾向のある子どものなかには、定型発達の子どもよりも体力がなく、すぐに疲れてしまう子どもが多くいます。また、体力はあっても、使い方にむらがあり、最初にがんばりすぎて途中からエネルギー切れの状態になる子どももいます。そのため、ゴロゴロする子どもには活動の合間などに定期的に休息させてください。休息して体力が回復したら、次の活動に誘います。

他の子どもは、まねをしてもすぐに飽きてしまう

　自閉症スペクトラムの子どものためにゴロゴロする場所を作ると、他の子どもたちも同じようにしたがるのではないかと心配する声をよく聞きます。他の子どもたちがまねをしたがるのであれば、自閉症スペクトラムの子どもの場所とは違う場所に、休息するためのスペースを設けてあげてください。しかし、この子どもたちは、1週間も過ぎれば飽きてしまうので、結果的に使われなくなります。

自閉症スペクトラムの子どもが嫌がらずに医療機関を受診する方法

どうして医療機関の受診が苦手なの？

　自閉症スペクトラムの子どもを持つ保護者の多くは、わが子を医療機関に受診させることにとても苦労しています。特に、耳鼻科や歯科で子どもがパニックになり治療を受けられなかったこと、予防接種を受けられなかったことは多いです。

　なぜ、自閉症スペクトラムの子どもが医療機関を嫌がるのかと言うと、「初めての場所や行動が苦手」「感覚過敏」という特性があるからです。医療機関は日常的に通う場所ではないので、医療機関に連れてこられた子どもは、この場所で何が行われ、どうなるのかがわからず、非常に不安になってしまうのです。

　また、感覚過敏がある子どもにとっては、医療機関は苦手な音（歯科でのキーンという音や吸入器の音など）、苦手な光（眼科や耳鼻咽喉科で顔にあたるライトなど）、苦手なにおい（消毒液など）がある場所です。さらに、診察のときに使われる器具が身体に触れると痛い、気持ち悪いと感じてしまいます。

どのように対応したらいいの？

　初めての場所や行動が苦手で、医療機関に行くことに対して不安がある子どもには、受診をする前にあらかじめその医療機関を下見しておいたり、事前に医療機関に連絡をして、受診はどのような流れで行うのかを尋ね、それを子どもに伝えておくとよいでしょう。また、不安になったときに落ち着くことができるように、子どものお気に入りのグッズやおもちゃを持たせることも大切です。

　感覚過敏がある子どもの場合には、医療機関に事前に子どもの特性を伝えておきます。それによって、医療機関が使う機器や道具を替えてくれることがあります。音に敏感な子どもの場合には、イヤーマフや耳栓を持参することも必要です。

　また、発達障害傾向のある子どもへの対応に慣れている医療機関は、子どもが落ちつくことができるための対策をしてくれます（パニックになっている子どもに落ち着ける場所を提供してくれたり、子どもを無理やり押さえて治療をしないなど）。発達障害傾向のある子どもを持つ他の保護者などから情報を得て、どの医療機関を受診するとよいのかを知っておくとよいでしょう。

第 3 章

アスペルガー障害の子どもの保育

1 アスペルガー障害の子どもへの対応の基本

言葉を文字通りに受け止めてしまう特性がある

　アスペルガー障害の子どもは、言葉を文字通りに受け止めてしまいます。慣用句、比喩、嫌味、冗談を理解することが苦手です。「まっすぐに帰ってきてね」と言うと、「曲がらないと帰ってこられないよ」と返事をしたりします。

　また、言葉が省略されると何を言われているのかがわからなくなります。たとえば、隣にいた子どもが「あなたの好きな食べ物は何？」と聞かれた後に、アスペルガー障害の子どもが「あなたは？」と省略して尋ねられると、何を聞かれているのかがわからず、答えられないことがあります。

言葉を省略せず、具体的に話そう

　アスペルガー障害の子どもには、主語や目的語を省略せずに話してください。省略しても、雰囲気でわかるだろうと考えてはいけません。また、「あの」「その」などの代名詞を使うときには、必ず「あのハサミ」「そのペン」などと、名詞をつけて言うようにしてください。代名詞だけで指示をされても、何を指しているのかがわかりません。もちろん、慣用句や比喩は用いず、具体的にどうすればよいのかを伝えてください。

どうすればよいかを具体的に伝えよう

　アスペルガー障害の子どもは、場の空気や雰囲気を感じたり、相手の表情を読み取ったり、気持ちを想像したりすることが苦手です。場がしらけていても、一方的に自分の話をし続けてしまったり、相手が嫌がっていてもその行為を続けることがあります。もちろん、暗黙の了解もわかりません。

　そのため、「こういうときには〜する」「この場合には・・・をしてはいけない」などと状況に合わせて、一つずつ丁寧に教えていくことが大切です。「そんなことをしてはダメ」という指示は、子どもにとっては何をどのようにすればよいのかがわからないので、よくありません。友だちと関わりたいときには、「ハイタッチをするのはよいけれど、抱きついてはいけない」などのように、具体的に言う必要があります。また、「お友だちの気持ちをよく考えてごらん」と言っても、相手の気持ちを理解することが苦手であるため、何の解決にもなりません。

融通がきかない特性がある

　アスペルガー障害の子どもは、よい意味で、決められたことを忠実に守ろうとします。その反面、自分本位に決めたルールを周囲の人に押し付けてしまったり、周囲の人がルールを守らなかったりすると、激しく怒ることがあります。

　また、いつもと違う状況になったり、自分の想像とは異なる事態になったりした場合に、なかなかそれを受け入れられません。

予告することが大切

　アスペルガー障害の子どもには、いつもとは違う状況になることがわかったら、あらかじめ伝えておくことが大切です。また、誤差を示しておくことも必要です。たとえば、3時に母親が迎えに来ることになっていたときに、母親が2、3分遅刻したら、子どもは激しく怒りだしてしまうことがあります。そうならないために、「お母さんは2時半から3時半の間に迎えに来ます」などと幅を持たせて伝えておくのです。

1. 他の子どもが嫌がることを平気で言ってしまう

CASE

　しょうたくんは昆虫が大好きで、いろいろな虫の名前を
知っています。しかし、虫の名前を知らない友だちに対し
て、「そんなことも知らないなんて、バカだね」などと言っ
てしまいます。

? しょうたくんに、
どう対応したらよいでしょうか？

Ａ

「バカ」と言われた相手がどのような
気持ちになるのかを考えさせる

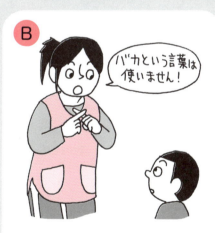

Ｂ

言ってはいけない言葉を教えていく

相手の気持ちを想像することが苦手

　アスペルガー障害の子どもは、自分が友だちから「バカ」と言われたら激しく怒るにもかかわらず、自分は言ってしまうことがあります。それは、自分が言われて嫌な言葉を相手に使ったら、相手がどう思うのかを想像することが苦手であるという特性があるからです。そのため、定型発達の子どもに有効な「相手の気持ちを考えさせる」指導は、幼児期のアスペルガー障害の子どもにとっては、非常に難しく、解決につながりません。

どんな言葉はよくて、どんな言葉を使ってはいけないのかをはっきりさせよう

　アスペルガー障害の子どもには、どんな言葉を使えばよいのか、どんな言葉はいけないのかをはっきりさせることが大切です。「バカ」「うざい」「死ね」などの言葉は使ってはいけない、逆に「すてきだね」「上手だね」「ありがとう」などの言葉は使ってよいなどと一覧に示して、壁に貼っておくとよいでしょう。使ってはいけない言葉を言わなかったり、よい言葉を用いていたりしたら、たくさんほめてください。

2. 静かにしていなくてはならないときに 話し出してしまう

先生が話をしているときに、くみちゃんは静かにしていることができず、話しだしてしまったり、ごそごそと動いてしまったりします。先生から注意をされれば、話すのをやめたり、動くのをやめたりします。しかし、別の機会で、静かに話を聞かなくてはならないときには、また話し始めてしまいます。

くみちゃんに、 どう対応したらよいでしょうか？

A

このカードを出したら、お話をしてはいけません

どのようなときに静かにしなければならないのかのルールを決めておく

B

お話をしてはいけません！

静かにすべきところで話をしたら、その都度、厳しく注意する

77

どのようなときに静かにしなければならないのかのルールを決めておく

目で見てわかるルールづくりをしよう

　アスペルガー障害の子どもは、応用して考えることが苦手です。そのため、状況が変われば、「以前、似たようなときに、静かにするように言われたから、今も静かにしなくてはいけない」などと結びつけて考えることができません。「静かにします」という絵カードを見せられたら、話をしてはいけない、マイクを持っている人だけが話してもよいなどの目で見てわかるルールを事前に決めておくと、場面に関係なく守れるようになります。

衝動性の強い子どもが話しだすのとは理由が異なる

　ADHDの傾向があり、衝動性の強い子どもも、静かにしなければならないときに、話しだしてしまうことがあります。しかし、そのような子どもは「静かにしていなければならないこと」はわかっているけれども、衝動を抑えられずに話しだしてしまいます。一方、アスペルガー障害の子どもは、「今は話をしてはいけない」という状況そのものがわかっていません。

3. 会話が一方的である

「今日の朝ごはんは、何を食べた？」「日曜日は、どこに出かけた？」など、クラスの子どもたちのほとんどが答えられるような質問をしょうたくんにしても、的外れな答えしか返ってきません。しかし、しょうたくん自身からは、一方的に好きな話をしてきます。特に、しょうたくんは電車が大好きなので、電車についてはとても細かく教えてくれます。

 しょうたくんに、
どう対応したらよいでしょうか？

A

今、何の質問をしたのかを思い出させる

B

子どもが好きな話題をしているときに、それに関連した質問をする

Answer　　　　　　　　　　　　　　　　答えは… **B**

子どもが好きな話題をしているときに、それに関連した質問をする

子どもが好きな話題を通して、会話をすることの練習を始めよう

　アスペルガー障害の子どもは、自分の言いたいことを一方的に伝えることはできても、他の人と会話のやり取りをすることは苦手です。まずは、子どもが一方的に話すのを先生が聞くのではなく、子どもが好きな話題をしている途中で、子どもが答えることができる質問を投げかけていき、会話のキャッチボールの練習をしていきます。

遊びを通して会話のルールを学ばせる

　アスペルガー障害の子どもは、場の雰囲気や相手の表情に構わず、一方的に話をしてしまうことがあります。会話は、ひととやり取りをすることによって成り立つことを遊びを通して、学習させていく必要があります。たとえば、おもちゃのマイクを使って、インタビューごっこをする方法があります。まずは、先生がインタビュアーになって子どもに質問をして、子どもが答える、次は子どもがインタビュアーになって先生に質問をするとよいでしょう。

4. うそをつく

　くみちゃんは、時々、現実とは違う話をします。その上、話をしているうちに、どんどん現実にあったかのように思い込んでいきます。しかし、本人は現実と違うことを言っている、つまり、うそをついている自覚はありません。明らかに現実と違うことを話し、周囲の友だちから、「くみちゃんがうそをついた」と言われても、本人は「うそじゃない」と言い張ります。

❓ くみちゃんに、どう対応したらよいでしょうか？

A

事実は伝えるが、会話の深追いをしない

B

うそをつくことはよくないことであると注意する

事実は伝えるが、会話の深追いをしない

想像したことの思い込みがうそにつながる

　アスペルガー障害の子どもは、話をしているうちに、自分の頭の中で想像がふくらみ、そのなかでイメージしたことがあたかも現実であるかのように思ってしまうことがあります。たとえば、友だちのあすかちゃんが「私の家には庭がある」と話したとします。アスペルガー障害の子どもは、庭をイメージしたときに大きな犬が思い浮かぶと、「あすかちゃんの家には大きな犬がいる」と思い込んでしまうのです。結果的に、アスペルガー障害の子どもがうそをついたことになってしまいます。

掘り下げて話を聞くと、子どもはよりうその話を現実のことと思ってしまう

　アスペルガー障害の子ども本人は、自分がうそをついている自覚はないため、「うそをついてはいけない」と叱られても、自分は悪くないと思うだけです。また、子どもが現実とは違うことを話しているときに、先生がその話を掘り下げて詳しく聞いていくと、子どもはよりそれが現実のことであると思い込んでしまいます。そのため、深追いをせず、現実をさらっと伝えるだけにとどめておくとよいでしょう。

5. 何度も同じことを質問する

CASE

　しょうたくんは、外で遊ぶことが大好きです。しょっちゅう先生に「いつ、外に行く？」と聞きます。先生が「給食を食べた後です」と答えても、30分も経たないうちに「いつ、外に行く？」と聞いてきます。

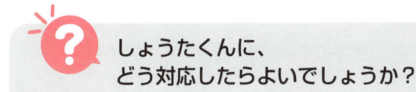

？ しょうたくんに、どう対応したらよいでしょうか？

A

1. とうえん
2. あさの したく
3. おへやのなかであそぶ
4. あさの おあつまり
5. せいさく
6. きゅうしょく
7. そとで あそぶ
8. かえりの おあつまり

スケジュールを示して、いつ外で遊ぶことができるかが目で見てわかるようにする

B

聞き流す

Answer　　　　　　　　　　　　　　　　答えは… A

スケジュールを示して、いつ外で遊ぶことができるかが目で見てわかる
ようにする

子どもが何度も質問をする原因を考えよう

　何度も同じことを質問する子どものなかには、何らかの不安があるために先生に確認をして安心したいケース、やりたいことを率直に言えずに質問をすることで自分の主張をしたいケース、先生と同じ会話のやり取りを繰り返して遊びたいケースなどがあります。まずは、子どもが何度も質問するのは、なぜなのかを考えてみましょう。

スケジュールを示されることで、がまんをすることができる

　しょうたくんの場合は、外遊びに行きたいことを主張するために、先生に質問を繰り返していました。ここで、先生が言葉で伝えただけでは、しょうたくんは忘れてしまい、すぐに「いつになったら外に行けるのだろうか」と考えてしまいます。そこで、本人が気になったときにすぐに確認できるように、「いつ外で遊べるのか」を示しておくことが大切です。それを見れば、自分で確認できます。それに加えて、「給食が終わるまで外遊びをがまんしよう」という気持ちを育てていくことができます。

6. 予定が変更になると不安になる

CASE

　くみちゃんのクラスはよく外に散歩に出かけます。いつも同じルートを通って公園に行きます。しかし、いつも通っている道路で工事をしていたため、今日は別のルートで行くことになりました。そうすると、くみちゃんはいつもとは違うルートであることに気づき、「この道は違う」と激しく泣いて、その場から動けなくなってしまいました。

? くみちゃんに、どう対応したらよいでしょうか？

A

散歩に行く前に、どの道を通るかを説明しておく

B

くみちゃんを抱きしめ、気持ちを落ち着かせる

散歩に行く前に、どの道を通るかを説明しておく

急な予定変更は、先の見通しを持てないために不安が高まる

　いつもと同じ方法を用いて行動していれば、アスペルガー障害の子どもはこの先はどうなるのかが想像できるため、問題なく生活することができます。しかし、いつもと違うやり方になると、先の見通しを持てなくなります。くみちゃんの場合、ルートが変わってしまったため、「今日はこれからどこに行くのだろうか」と不安になってしまったのです。不安を感じているときに、いくら先生に説明されても、子どもの耳に届きません。あらかじめ予定の変更が伝えられていれば、心づもりができて、不安が軽減されます。

パニックになったときにはそっとしておく

　急な予定変更で、子どもが激しく泣いてしまった場合には、車や自転車の往来がない安全な場所に移動させたうえで、子どもの気持ちが落ち着くまでそっとしておきましょう。その際に、子どもを抱きしめずに、見守ってあげてください。泣きやんできたら、「公園ですべり台をしよう」などと楽しいことを想像させて、歩き始めましょう。

7. 自分の思っていたようにならないと怒る

CASE

　しょうたくんは自分の思うようにならないと、いつもすねて、激しく怒ります。グループの名前をみんなで話し合って決めるように指示したところ、しょうたくんが提案した名前は採用されませんでした。しょうたくんは、大声を上げたりいすを蹴飛ばしたりして大暴れをしてしまいました。

？ しょうたくんに、どう対応したらよいでしょうか？

A

しょうたくんの提案した名前を採用するように、グループの子どもたちに頼む

B

話し合う前に、自分の希望が通らないことがあることを伝えておく

Answer　　　　　　　　　　　　　　　　　答えは… **B**

話し合う前に、自分の希望が通らないことがあることを伝えておく

思い通りにならないことがあることを予告し、がまんできたらほめよう

　アスペルガー障害の子どもは、自分が思ったように事が進んでいくものだと思い込んでしまうことがあります。そのため、そのようにならないと、納得がいかず、気持ちの整理ができません。まずは、始める前に、自分の思うようにならない可能性があることを伝え、自分の思うようにならなくてもがまんすることを約束させます。思い通りにならなかったときに、子どもが少しでもがまんできたらたくさんほめてください。

思い通りにならないときの気持ちの静め方を学習させよう

　思い通りにならなかったときに、先生にほめてもらって気持ちを静めるだけでなく、子どもが自分で落ち着ける方法を身につけるように促すことも大切です。たとえば、「そういうことも、ある、ある」などの合言葉を先生とかけ合って気持ちを落ち着かせていき、徐々に自分の心の中だけでその言葉をつぶやくようにさせるのです。また、手触りの良いハンドタオルをいつもポケットに入れておき、それを握りしめることも一つの方法です。

8. 走り方がぎこちない

CASE

くみちゃんは、走るときに右手と右足を同時に出そうとしたり、手の振りと足の運びのタイミングがあっていなかったり、歩幅が狭く、ちょこちょことした走り方をしたりしています。

？ くみちゃんに、どう対応したらよいでしょうか？

A まずは手のふりからやってみよう！

手の振り、足の歩幅などを分解して、一つずつ練習していく

B もう1度やってみよう！

何度も練習を繰り返して、自分の身体に走り方の感覚を叩きこませる

Answer　　　　　　　　　　　　　　　　　　　答えは… A

手の振り、足の歩幅などを分解して、一つずつ練習していく

ボディイメージを持つことが苦手

　私たち大人は、自分の身体がどのぐらいの大きさで、どの部分がどのような動きをするかが何となくわかっています。それをボディイメージがある状態と言います。しかし、アスペルガー障害の子どもは、ボディイメージをもつことが苦手です。そのため、自分の身体を思い通りに動かすことが難しいのです。

動作を細かく分解して、一つずつ教えよう

　子どもが走れるようになるためには、手を振る練習、歩幅を大きくする練習、足をけり上げる練習、前のめりになりすぎない練習などと、動作を分解する必要があります。また、「大きく手を振って」と子どもに言っても伝わらない場合には、先生が子どもの前に立って手を伸ばし、「先生の手にあたるぐらいに振ります」などと具体的に伝えます。また、歩幅を大きくする練習をする際には、足型を置き、その上に足を乗せていく練習をします。それぞれができるようになったら、少しずつ組み合わせていきます。

9. ダンスの振り付けを覚えられない

CASE

　しょうたくんは、運動会のダンスの練習が嫌いです。な
ぜなら、ダンスの振り付けがなかなか覚えられないからで
す。いつも、先生から「しょうたくん、手が違うよ」「右じゃ
ないよ、左だよ」などと注意されてしまいます。ダンスの
練習の前になると、しょうたくんは暗い顔になります。

しょうたくんに、どう対応したらよいでしょうか？

A

先生がしょうたくんのななめ前に立
ち、まねをできるようにする

B

こうだよ！

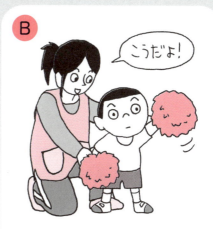

先生がしょうたくんの背後に回って、
手や足を動かす

先生がしょうたくんのななめ前に立ち、まねをできるようにする

自分で身体を動かさなければ、動きはわからないまま

　アスペルガー障害の子どもは、ボディイメージをもつことが苦手ですが、それに加えて、2つ以上の動作を同時に行うことも苦手です。ただでさえ、自分の身体を思うように動かせない上に、手と足を動かさなくてはならないなどとなると、混乱してしまうのです。

　先生が子どもの手や足を持って動かしていると、子どもは自分で動かしていないため、先生がいなければ、結局どのように身体を動かせばよいのかがわからないままです。

見たままでまねできるように

　一般的に、ダンスの練習をするときには、先生が子どもに向かい合って見本を見せることが多いでしょう。その場合に、子どもたちに「左手を上げて」と言いながら、先生自身は右手を上げています。そうすると、アスペルガー障害の子どもは、左手を上げるのかな、右手を上げるのかなと考えてしまい、さらに混乱してしまいます。そのため、アスペルガー障害の子どもに対しては、先生が背中を見せて子どものななめ前に立ち、子どもが先生と同じ方向に手や足を出す、身体を動かすようにさせます。

10. 一番にならないと怒る

　くみちゃんは、ゲームはもちろんのこと、トイレに行く順番、手を洗う順番、物を取りに行く順番など、日常生活のどの場面でも、すべて一番になりたがります。信号も自分が誰よりも早く渡らないと怒ります。クラスメートは、くみちゃんが怒りだすと、面倒なことになると思い、いつもくみちゃんに順番を譲ってしまいます。

くみちゃんに、どう対応したらよいでしょうか？

A

一番になっても必ずしも良いことがあるわけではないと言い聞かせる

B

待つ練習をさせ、一番にならなくてもがまんができたら、ほめる

Answer 答えは… B

待つ練習をさせ、一番にならなくてもがまんができたら、ほめる

「一番」に対するこだわり

　アスペルガー障害の子どものなかには、「一番はよいことである」という強い思いこみをもつ場合があります。そのような子どもは、日常生活のどのような場面でも一番にこだわるのです。その子どもに、「一番になっても、よいことはない」と言っても、本人の「一番はよいこと」という価値観は崩れません。

ほめながら、待つ練習をさせよう

　一番になりたいという気持ちがすべて悪いわけではありません。勝ちたいという意欲ががんばりにつながることがあります。しかし、手洗いの順番、物を取りに来る順番など、早さを競っても何の得にもならないことについては、待つ練習をさせます。最初は２番目から始め、徐々に３番目、４番目と順番を後ろにしていきます。もちろん、少しでもその子どもが待てれば、たくさんほめてください。

11. 友だちの顔を覚えられない

　しょうたくんは、入園してから1年が経ちますが、クラスの友だちの顔を覚えられません。いつも仲良く遊んでいる数人の友だちはかろうじてわかりますが、それ以外の子どもはわかりません。しかし、いつも仲良く遊んでいる友だちが髪型を変えたり、園の外で会ったりすると、知らない人だと思ってしまいます。

？ しょうたくんに、 どう対応したらよいでしょうか？

A

クラスメートの写真に名前を添えて渡す

B

名札にそれぞれの子どもを示すイラストのシールを付け、イラストで覚えさせる

 **Answer**　　　　　　　　　　　答えは… **B**

名札にそれぞれの子どもを示すイラストのシールを付け、イラストで覚えさせる

大人になっても顔を覚えられないケースがある

　アスペルガー障害の子どものなかには、ひとの顔を覚えられない子どもが多くいます。それは、大人になっても変わりません。大人の場合には、よく顔を合わせている人でも覚えられず、挨拶をしなかったりするので、まわりから「あの人は挨拶をしない」などと悪口を言われてしまい、結果的にひとと会うことが苦手になってしまうことがあります。

変わらない手がかりで覚えさせよう

　はじめから写真を用いて子どもに顔と名前を一致させようとしても、髪型や表情など、実際の顔と写真が全く一緒ではないので、写真の子どもの名前はわかっても実際の顔と一致しないことになります。最初は、他の子どもの名札にイラストのシールを付けておき、「星のマークのたけしくん」というように、マークを手がかりにさせます。マークを手がかりにして、友だちを区別できるようになったら、写真を用いて覚えていくようにします。それについては、次のコラムを参照してください。

友だちの顔を覚えるための
段階的な指導

Point

友だちの顔をなかなか覚えられない子どもが、名札に貼られているシールを手がかりにして、友だちがわかるようになったら、次は写真を使って友だちを区別する段階に入ります。

まずは、実際に親しい友だち1人につき1枚の写真を用意して、アスペルガー障害の子どもに見せます。写真を見て、「あきらくんは目の下にほくろがあるね」、「あやかちゃんは大きな目だね」などと友だちの顔の特徴を見つける練習をします。

それができるようになったら、先生の写真を含めて、親しい友だちから順に写真を見て、誰であるのかを区別する練習をします。最初は3、4人がわかる程度でかまいません。徐々に5人、6人と広げていきましょう。

ただし、友だちの写真を撮る際に、園の制服あるいは体操服といった統一した服装にしてください。そうしなければ、「けんじくんは黒い服を着ている子」、「みどりちゃんは赤いシャツを着ている子」などと顔以外の特徴で覚えてしまう可能性があります。それに加えて、何も飾られていない白い壁などの前で写真を撮って、背景に何も映り込まないようにしてください。

また、アスペルガー障害の子どもに友だちの顔の特徴を見つけさせる際に、髪型に注目をしていた場合には、その他の顔の特徴を見つけるように促してください。なぜなら、髪型は日によって異なるためです。「みつあみをしているゆかちゃん」と覚えると、実際にゆかちゃんがみつあみをしていなければ、ゆかちゃんを見つけられないことになります。

　写真に映っている友だちの顔の特徴がわかるようになったら、実際の生活のなかで、写真で覚えた友だちに物を渡すようなお手伝いをさせましょう。最初は、2、3人の友だちが正面を向いて座っている場面で、その中から探し出せるようにします。それができれば、たくさんほめることが大切です。徐々に、4、5人の中から探すようにするなど、人数を増やしていきます。アスペルガー障害の子どもにとって、「友だちの顔を区別できて、お手伝いができた（しかも、先生にほめられた）」という経験が重なることによって、もっと友だちの顔を覚えようという意欲がわきます。

12. 他の友だちが決まりを守らないと怒る

CASE

くみちゃんは、友だちが決まりを守らないと激しく怒ります。先日も、横入りをした友だちを激しい口調で責めて、泣かせてしまいました。しかし、くみちゃん自身も、時々、他の人が並んでいることに気が付かずに、横入りをすることがあります。

先生に報告し、先生が対応する決まりにする

決まりを守らない友だちに注意したことをほめる

くみちゃんに、
どう対応したらよいでしょうか？

A

B

先生に報告し、先生が対応する決まりにする

他人のルール違反に厳しい

　アスペルガー障害の子ども本人もルールを忠実に守ろうとしますが、気づかずにルールを破ってしまうことがたびたびあります。しかし、自分のことは棚に上げて、他の子どもがルールを守らないことは許せません。他の子どもの気持ちを考えずに、一方的にルールを破ったことを責めるので、トラブルになることがよくあります。

子ども同士で解決させない

　アスペルガー障害の子どもは、ルールを守らない友だちに注意しただけで、自分は正しいことをしていると思っています。先生が注意したことをほめると、他の子どものルール違反に厳しく言うようになります。逆に、「注意の仕方が悪い」と言っても、「自分は悪くない、悪いのはルールを破った子だ」と主張します。もし、ルールを破った子どもを見かけたら、その場で自分から注意するのではなく、先生に報告して、先生が注意するというルールを作り、報告しにきたらほめてください。

第 4 章

保護者への支援

1　保護者の心理と支援の基本

障害の程度が重い場合には、子どもの特性に気づいている保護者は多い

　3歳になっても意味のある単語（ママ、ブーブーなど）を話さない、簡単な指示が伝わらない、目が合わない、普段と少しでも違う状況になると激しく泣き叫ぶなどの自閉症の特性がある子どもを持つ保護者は、子どもの年齢が早い段階で「うちの子どもは他の子と違うのではないか」「何らかの障害があるのではないか」などと考え、療育機関や医療機関を受診しているケースが多くあります。

遠慮しすぎる保護者には、ここまでのことはできると伝えよう

　障害の程度が重い子どもを持つ保護者は、わが子の障害受容が進んでいるケースが多い一方で、「うちの子どもを入園させてもらっただけで、十分である」「これ以上、先生に負担をかけては申し訳ない」などと考え、先生が子どもへの対応を保護者に相談しようとしても遠慮する場合があります。このような保護者に対しては、「園では、ここまでのことはできます。あまり気にしないでください」などと伝えます。

アスペルガー障害の子どもの保護者はわが子の障害に気づきにくい

　子どもに言葉の遅れがみられる場合に、多くの保護者はわが子の障害に気づきます。しかし、アスペルガー障害の子どもの場合、同じ年齢の子どもと変わらないぐらい、あるいはそれ以上に大人びた言葉を話すことがあるため、保護者にとっては問題がないと感じているケースが多くあります。そのため、子どもに日常生活で何らかの問題がみられても、わが子の障害になかなか気づけないのです。

障害を受容するまでに時間がかかる

　自閉症の子どもをもつ保護者にしろ、アスペルガー障害の子どもをもつ保護者にしろ、わが子が他の子どもと違うことに気がつき、ショックを受けてから、わが子にはわが子なりの育ち方があると考えられるようになるまでに、さまざまな過程をたどることになります。その過程には、障害があることを否定したり、「誰も自分のことをわかってくれない」などとまわりを責めたりする時期があります。保護者がどの過程にいるのかに気づき、寄り添うことが必要です。

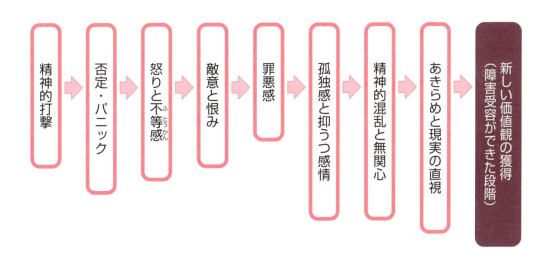

精神的打撃 → 否定・パニック → 怒りと不等感（ふとうかん） → 敵意と恨み → 罪悪感 → 孤独感と抑うつ感情 → 精神的混乱と無関心 → あきらめと現実の直視 → 新しい価値観の獲得（障害受容ができた段階）

障害のある子どもをもつ保護者の障害受容の過程

わが子をかわいいと思えない保護者

　自閉症スペクトラムの子どもは、ひとへの関心が弱いために、保護者に対しても甘えてこないことがあります。また、相手の表情を読み取ることが苦手であるため、保護者が笑いかけても子どもは笑顔で応えてくれません。さらに、保護者の言うことを聞かなかったり、パニックを起こしたりして、保護者の手をわずらわせることが多くあります。これらのことから、なかなか親子の愛着を形成できず、わが子をかわいいと思えないと感じる保護者がいます。

保護者の気持ちを受け止めたうえで、協力する体制を作ろう

　このような保護者には、まず、それまでにがんばって育児をしてきたことをほめます。また、わが子をかわいいと思えないという気持ちや状況は、誰にでもあることで、罪悪感をもつ必要はないことを伝えつつ、保護者の思いを受け止めてください。

　そのうえで、子どもへの関わり方を工夫し園と家庭で協力することによって、子育ての負担を軽減できる可能性があること、園でもできる限りのことをしたいと思っていることを話します。

2

保護者への支援の具体的な対応

1. 保護者と連携して子どもを育てるためにすべきこと

CASE

　さやかちゃんは、先生の話を聞くことやみんなと一緒に活動することが苦手です。さやかちゃんの母親は、保育参観でさやかちゃんの様子を見て、ひどく心配になりました。参観後、先生に「うちの子は障害があるのですか」と聞いてきました。

 さやかちゃんのお母さんに、
どう対応したらよいでしょうか？

Ⓐ

保護者を動揺させてはいけないので、その場は否定する

Ⓑ

自分も子どもの状態を心配しており、対応の仕方を一緒に考えたいと申し出る

Answer　　　　　　　　　　　　　　答えは… **B**

自分も子どもの状態を心配しており、対応の仕方を一緒に考えたいと申し出る

その場しのぎの対応は、保護者の不安をあおったり、障害受容を遅らせたりする

　保護者がわが子の状態に不安を感じている場合に、保護者の不安を高めてはいけないと感じて、その場しのぎで「大丈夫です」などと言ってしまうケースがあります。しかし、この対応では、保護者は「先生は大丈夫と言うけれど、本当のところはどうなのだろうか」などと考え、より不安になり、その後、先生に相談できず、一人で悩んでしまうことがあります。

　逆に、「先生が大丈夫だと言っているので、うちの子は特に問題ないのだろう」と考えてしまうケースがあります。子どもがさらに支援を必要とする状態になっても、「先生があの時、大丈夫と言ってくれたから」と考え、子どもの状態から目を背けようとすることさえあります。このように、子どもに気になる状態がある場合に、その場しのぎで対応してしまうと、保護者をまどわせるだけでなく、障害受容を遅らせてしまうことにつながるのです。

　突然、保護者から相談されたときにあわててその場しのぎの対応にならないように、日頃から、保護者に相談されることを想定し、どのような表現で子どもの状態を伝えたらよいのかを考えておくことが必要です。

子どもの苦手なことへの対応方法を付け加えて話そう

　保護者に子どもの状態を伝える際に、子どもの苦手なことばかり話してしまう先生をよく見ます。子どもはどのような問題を抱えているのかを保護者にわかってほしいという気持ちが強くあるためでしょう。しかし、苦手なことを強調して保護者に話すと、保護者は子どもの状態は理解できても、今後、どのように子どもに対応していけばよいのかがわからず、かえって不安を募らせてしまいます。園で行っている工夫を具体的に紹介し、こんな対応をしたら、子どもが変わったことを付け加えて話してください。

園と家庭でなるべく同じ対応を心がけよう

　保護者の協力が得られたら、家庭でできる工夫を一緒に考えていきます。その際に、園と家庭で同じ対応ができるようにしてください。なぜならば、園と家庭の対応が異なると、子どもは混乱してしまい、ルールを守れなくなってしまいます。例えば、絵カードを使うのであれば、園で使っている絵カードと同じものを家庭で使うようにすると、子どもにとって生活しやすくなります。

子どもに無理な訓練をさせている場合に

　自閉症スペクトラムの子どもは、保護者や先生の対応が変わることで、できることが増えていき、生活のしづらさが軽減されることは事実です。保護者のなかには、対応をしていくにつれて、子どもの成長を実感し、あれも、これもと訓練を加えていき、子どもにとって無理な訓練をさせているケースがあります。

　最初のうちはできたことをほめてもらえたことによって、楽しんで課題に取り組んでいた子どもも、課題が難しくなるにつれて、徐々にできないことが増えていきます。また、子どもがその課題をできることを当たり前であると保護者が感じて、ほめてもらえなくなったりすると、課題に取り組むこと自体を嫌になってしまうことがあります。そうすると、子どもは今までできていたことも嫌になって、やろうとしなくなります。

　また、保護者は、子どもが訓練を重ねることによって、他の子どもに追いつくのではないかという期待をもってしまい、次々と子どもに課題をやらせてしまうことがあります。その場合に、子どもができないことに一喜一憂したり、子どもが課題をやろうとしないことに焦りを感じたりして、さらに子どもに無理をさせてしまうのです。

　保護者が焦る気持ちに共感しつつも、無理な訓練は子どもに負担がかかりすぎること、子どもにはできることを一つずつ増やしていくことが結果的には成長につながることを伝えます。

2. 健診で子どもの問題を指摘された保護者への対応

　3歳児健診を受けた後、まさおくんの母親は、保健師からまさおくんの言葉が遅いこと、コミュニケーションがとれないこと、視線が合わないことを指摘され、療育機関に行くことを勧められました。しかし、まさおくんの母親は、それまでまさおくんが他の子どもと違うと思っておらず、保健師の突然の指摘にとまどい、次の日に先生の前で取り乱して泣いてしまいました。

まさおくんの母親に、どう対応したらよいでしょうか?

A

母親のショックを受け止めつつ、今、子どもにできる支援を一緒に考える

B

一度の健診で子どもの状態を把握できないので、ショックを受ける必要はないと慰（なぐさ）める

Answer 答えは… **A**

母親のショックを受け止めつつ、今、子どもにできる支援を一緒に考える

保護者の気持ちに共感をしよう

　保健師から突然、わが子の問題を指摘されたら、誰でも大きなショックを受けます。先生は焦らず、まずは保護者の気持ちをしっかりと聞いてください。保護者の気持ちを受け止めつつ、今、子どもが日常生活のなかでうまくできずに困っていることについて、何ができるか、どんな支援が有効となるかを保護者と一緒に考えるようにすることが大切です。保護者がわが子に障害があるのかどうかを気にしている場合には、今は、診断名をつけるよりも、子どもにできる支援を考える方を優先した方がいいことを伝えます。

保健師との連携が大切

　健診でわが子の問題を指摘された保護者は、精神的に混乱し、うつ病などの精神疾患を患うケースがあります。保護者にも支援が必要になる場合には、保育者だけで対応することはできません。そうなる前に、日頃から保健師と連携をしておき、気になる子どもをもつ保護者のサポートを保健師に依頼できる関係作りをしておくことが大切です。

3. 医療機関への受診をうながす際の配慮と受診の流れ

CASE

　さやかちゃんの両親に、園でのさやかちゃんの様子を伝え、医療機関を受診することを提案しました。そのときには、両親は受診することに同意しましたが、半年以上経っても病院に行った様子がありません。

 さやかちゃんの両親に、
どう対応したらよいでしょうか？

A

両親が医療機関を受診しようと考えるまで待つ

B

受診によって、子どもの特性や最適な対応方法がわかることを伝える

受診によって、子どもの特性や最適な対応方法がわかることを伝える

受診することへの保護者の不安

　うちの子は他の子どもとちょっと違うと感じていながらも、「子どもにはっきりとした診断名をつけてほしくない」「障害があると言われたらこの先、この子の人生はどうなってしまうのだろうか」などと不安を感じて、医療機関への受診をためらう保護者が多くいます。つまり、医療機関への受診は、子どもに障害があることを宣告されることであると保護者は考えていたり、障害がある子どもの未来を想像できなかったりするのです。

子どもの特性を教えてもらうための受診であることを強調しよう

　保護者の気持ちを考えずに、医療機関への受診を無理に勧めると、保護者はさらに受診を拒んでしまうことになります。保護者の不安をしっかりと受け止めたうえで、受診をすることは診断名をつけてもらうためではなく、子どもの特性をしっかりと調べてもらい、子どもに合った対応の方法を教わるためであることを強調してください。また、医療機関を受診しても診断名がつかない子どもが多くいることを伝え、「念のために」受診するように勧めます。

医療機関に関する情報を収集しておこう

　保護者は、医療機関を受診しようと思っても、実際にどの医療機関に行けばよいのか、何科を予約すればよいのかなどがわかりません。一般的には、小児神経科、児童精神科で診察を行っていますが、地域によっては別の名前の科が受け入れていることがあります。

　どの医療機関を受診すればよいのかを保護者自身で探さなければならないと、医療機関を受診しようとする気持ちが薄らいでしまいます。また、発達障害を専門に扱っている医師を選ばなかった場合に、子どもの状態を的確に診てもらうことができず、「発達障害の傾向はないように思う」「様子を見ましょう」と言われるだけで終わってしまうことがあります。そうすると、子どもに発達障害の傾向があっても、保護者は「医師から問題はないと言われたから、うちの子は大丈夫だ」などと考え、障害受容が遅れてしまうことにもなります。

　そのため、地域のどの医療機関の何科を受診すればよいのかについての情報を収集しておき、保護者が医療機関を受診しようと決意した時に、具体的にその情報を提示することが大切です。これまでに医療機関を受診した他の保護者から話を聞いたり、地域の保健センターから情報を得ておくとよいでしょう。

診察の流れ

　医療機関では、まず保護者が問診票を書いたり、看護師が簡単な面談をします。その後、必要があれば、発達検査や知能検査、脳波やMRIなどの生理検査を行います。それらをふまえて、医師が子どもを観察するとともに、保護者から子どもの話を聞き、子どもの特性を把握していきます。

　ただし、医師が子どもを観察する時間は限られていますし、保護者も医師から子どもの日常生活について尋ねられると、あまりできていないことでも、つい「できます」と答えてしまったり、園での様子を答えられなかったりします。

　そこで、医師による面談の際には先生も同行し、園での様子を伝えるとよいです。ただし、先生が同行できない場合には、園での子どもの様子をまとめておき、事前に医療機関に郵送あるいはFAXで送付するか、保護者に持参してもらうようにしてください。

診察の流れ

| 問診、看護師などによる簡単な面談 |

| 発達検査・知能検査、生理検査（脳波、MRIなど） |

| 医師による面談 |

4. うちの子は天才と思うアスペルガー障害の子どもの保護者への対応

CASE

つよしくんは、4歳ですが、ひらがな、カタカナはもちろん、アルファベットも読めます。しかし、他の子どもと同じように集団活動に参加することを嫌がり、いつも一人でノートにアルファベットを書いて遊んでいます。つよしくんの状況が心配になり、保護者に相談しましたが、保護者は「うちの子はすごく頭がよいんです」と言うだけで、全く心配しません。

 ## つよしくんの保護者に、どう対応したらよいでしょうか？

A

つよしくんが苦手なところを強調して伝える

B

ありのままの姿を見てもらうようにする

ありのままの姿を見てもらうようにする

苦手なことを強調して伝えるのは逆効果

　アスペルガー障害の子どものなかには、文字が読める、計算ができるといった優れた能力をもっている場合がありますが、集団生活ではみんなと一緒に活動できなかったり、ひととコミュニケーションをとれなかったりする問題がしばしば起きます。しかし、家庭では集団生活を意識していないため、保護者は気づきにくいのです。うちの子はアルファベットを読めて、天才だなどと思っている保護者に「あれはできないし、これも苦手だし」などと否定する意見を言うと、保護者は反発するだけです。

保護者が見ていることがわからない工夫をしよう

　アスペルガー障害の子どもの困っていることを保護者に知ってもらうためには、園のなかでの子どもの様子をありのままに見てもらう機会を設けることが必要です。ただし、子どもが保護者に見られていることを知ると、その時だけは問題なく行動することがあります。そのため、保護者が子どもの様子を見ていることがわからないようにする工夫が必要です。

　保護者に子どもの姿を見てもらったうえで、その子どもは得意なことと苦手なことの差が大きく、苦手なことを補うための工夫をすると、得意なこともさらに伸びると説明しましょう。

第 5 章

周囲の子どもへの
理解指導

自閉症スペクトラムの子どもに関する周囲の子どもへの理解教育

周囲の子どもの気持ちを否定しない

　自閉症スペクトラムの子どもは、突然パニックを起こしたり、活動に参加できなかったりすることがあり、周囲の子どもたちは「どうしてあの子はみんなと同じようにできないのだろう」などと違和感をもったり、自閉症スペクトラムの子どもをだめな子としてとらえてしまったりすることがあります。そのように感じる子どもには「優しい心が育っていない」と考えてしまう先生がいますが、それは誤りです。

　自分と違う行動をする子どもを見て、周囲の子どもが違和感をもつのは当然のことです。頭ごなしに子どもたちの感情を否定してしまうと、子どもたちは先生に思ったことを言ってはいけないと学習してしまいます。その結果、周囲の子どもたちは、自閉症スペクトラムの子どもとかかわらないように距離を置こうとしたり、先生の前では自閉症スペクトラムの子どもに優しくするけれども、先生の見ていないところで意地悪をしてしまうことが起こってしまいます。まずは、周囲の子どもたちが感じた気持ちを先生がしっかりと受け止めた上で、自閉症スペクトラムの子どもの気持ちを代弁してください。

先生の対応をまねさせよう

　自閉症スペクトラムの子どもは、ルールがわからないときや自分の気持ちがおさえられないときなどに、決められたルールを守れないことがあります。その場合に、周囲の子どもは自閉症スペクトラムの子どもを無理やりルールに従わせようとしてしまいます。そうすると自閉症スペクトラムの子どもがパニックを起こすなど、トラブルに発展してしまいます。

　まずは、先生が適切な方法で自閉症スペクトラムの子どもに対応する姿を周囲の子どもたちに見せてください。たとえば、言葉での指示がわかりにくい自閉症スペクトラムの子どもには、先生がジェスチャーや実物を使って説明するのを周囲の子どもたちに示すのです。それを見て、周囲の子どもたちも自閉症スペクトラムの子どもにジェスチャーや実物を使って話していくことができるようになります。

誰にでも苦手なことがあることを伝えよう

　周囲の子どもは、自閉症スペクトラムの子どもを「みんなと一緒に活動できない子」「思い通りにならないと泣いて怒る子」などと、自分よりも低い存在としてみたり、わがままだと感じたりすることがあります。このような発言が聞かれたら、それぞれの子どもに苦手なことはないかを考えさせてください。その際に、先生自身の苦手なことを先に出すとよいでしょう。自閉症スペクトラムの子どもだけでなく、誰にでも苦手なことがあることを感じさせるのです。

嫌な気持ちを感じるのは誰もが同じであることを伝えよう

　それぞれの苦手なことを具体的に考えさせたうえで、自分が苦手なことを他の人から「どうしてできないの」と言われたり、「できないのはおかしい」などとばかにされたら、どんな気持ちになるかを考えさせます。他の人から苦手なことを笑われたりばかにされたら、誰もが嫌な気持ちになること、自閉症スペクトラムの子どももみんなと同じように嫌な気持ちになることを伝えていきます。

1. 自閉症スペクトラムの子どもに用意された物や場所を周囲の子どもが使いたいと言った際の対応

CASE

　自閉症スペクトラムのけんじくんのために、部屋のすみに大型クッションを置き、けんじくんがゴロゴロすることができるスペースを作りました。それを見たクラスの子どもたちが自分も使いたいと言い出しました。だんだん、けんじくんが使っていないときに、自分が使おうとねらう子どもが増えてきました。

？ 周囲の子どもたちに、どう対応したらよいでしょうか？

A

他の子どもたちには別の場所に用意する

B

けんじくんに必要なものであると説明し、みんなには使わせないようにする

他の子どもたちには別の場所に用意する

気持ちが満足するまでやらせよう

　クラスの子どもたちは、先生が用意した自閉症スペクトラムの子どものための道具や場所を珍しく感じて、自分も試してみたいだけなのです。それを頭ごなしに、使ってはいけないと禁止をしても、うらやましい気持ちが残るだけで、先生が見ていないところで使ってしまったり、自閉症スペクトラムの子どもだけずるいという気持ちが残ってしまったりします。同じようにしたいと子どもが申し出たら、気持ちがおさまるまでやらせてください。しばらくすれば、まわりの子どもは飽きてしまって、使わなくなります。

他の子どもには別のスペース、物を用意しよう

　クラスの子どもたちにもやらせる際に、自閉症スペクトラムの子どもに使っているスペースや物を共用するのはよくありません。他の子どもが使っていると、自閉症スペクトラムの子ども本人が使わなくてはならないときに使えません。また、他の子どもが使った際に、自閉症スペクトラムの子どもが自分で決めていたやり方が崩されてしまって、パニックになってしまうことがあります。他の子どもには別のスペース、物を用意してください。

2.「自閉症スペクトラムの子どもがみんなと同じようにやらなくてずるい」と言う子どもへの対応

CASE

　発表会が近くなると、自由遊びの時間が減り、発表会の練習が増えます。えりちゃんは、発表会の練習を嫌がり、少しの時間しか参加しません。クラスの子どもたちは、えりちゃんだけが練習をしていないことに不満を感じて、「えりちゃんだけ、ずるい」と言います。

 **周囲の子どもたちに、
どう対応したらよいでしょうか？**

「みんなと一緒に練習できるようにがんばっているところ」と説明する

他の人のことはいいから、自分の練習をするように言う

まずは一人ひとりの子どもたちのがんばりをほめよう

　自分たちは一生懸命に練習しているのに、どうして自閉症スペクトラムの子どもはやらなくてよいのだろうかという不公平感を子どもたちは持ちます。まずは、その子どもたちが練習をがんばっているところをたくさんほめてください。「他の人のことは気にしないで自分のことをやりなさい」と注意しても、周囲の子どもたちは「自分は一生懸命に練習しているのに、練習していない子が叱られないのはおかしい」と感じてしまいます。

参加しようとがんばっている過程であることを強調しよう

　子どもたちそれぞれのがんばりを認めた上で、自閉症スペクトラムの子どもも練習しようと思っているけれども、みんなと一緒にやろうとすることが苦手であり、少しずつ参加できるようにがんばっているところであると伝えてください。また、少しでも自閉症スペクトラムの子どもがみんなと一緒に活動できたときに本人だけでなく、クラスの子どもたちにも話し、自閉症スペクトラムの子どももがんばろうとしていることを伝えていきます。

3. 自閉症スペクトラムの子どもに対して、率先して手伝ってしまう子どもへの対応

CASE

　あつしくんは、登園しても、持ち物の整理をせずに、クラスの金魚を見ています。クラスの女の子たちがその間にあつしくんのかばんから出席ノートを出してシールをはったり、水筒を出したりして、すべてやってしまいます。

 周囲の子どもたちに、
どう対応したらよいでしょうか?

A

手伝ってくれて
ありがとう!
助かるわ!

手伝ってあげたことを大いにほめる

B

あつしくんが自分で
やるのを心の中で
応援してね

あつしくんが自分でやるのを心の中で
応援してほしいと伝える

あつしくんが自分でやるのを心の中で応援してほしいと伝える

先生にほめてもらいたいから手伝うケース

　困っている友だちの手伝いをしようとする子どもに優しい気持ちが育ったとうれしい気持ちになる先生は多いことでしょう。しかし、自閉症スペクトラムの子どもが自分でできるにもかかわらず、周囲の子どもが代わりにやってしまうことがあります。その場合に、「優しい子だね」「偉いね」などとほめてしまうと、周囲の子どもたちは先生にほめてもらいたいためにさらに手伝いをしようとします。それによって周囲の子どもたちは自分が自閉症スペクトラムの子どもよりも年長の立場になったように感じて、対等な友人関係を持つことができなくなってしまいます。

自閉症スペクトラムの子どもの発達を妨げることに

　自閉症スペクトラムの子どものできることまで周囲の子どもたちがやってしまうと、自閉症スペクトラムの子どもはやれることまでやらなくなってしまいます。それでは、その子どもの発達が妨げられることにもつながります。自閉症スペクトラムの子どもができることは周囲の子どもにも「自分でできることだから、見守って」と伝え、心の中で応援することもお手伝いの一つであると話してください。

4. 自閉症スペクトラムの子どもが特定の音や においを嫌がることに対して、他の子どもが 「おかしい」と言った際の対応

CASE

　給食の時間になり、部屋でおかずやご飯の食缶のふたが開けられると、えりちゃんはいつも鼻を押さえて泣いて嫌がります。クラスの子どもたちは、えりちゃんがいつも泣くので、「えりちゃん、おかしいよ」「どうして泣くのか、わからない」と言います。

 周囲の子どもたちに、 どう対応したらよいでしょうか？

A 苦手なにおいは 人それぞれだよ

においや音の感じ方は、人によって違いがあることを説明する

B 嫌なことがあっても がまんしようね

多少の嫌なことがあってもみんなはがまんしようねと伝える

においや音の感じ方は人によって違いがあることを説明する

自閉症スペクトラムの子どもの感覚は敏感すぎたり鈍感すぎたりする

　感覚をどのように感じるかは人それぞれですが、誰もが他の人がどのように感じるのかがわからないため、自分を基準に考えます。定型発達の子どもの感覚は、それほど大きな違いがないため、一般的に苦手とされるものは共通しています。しかし、自閉症スペクトラムの子どもの場合には、定型発達の子どもと比べて感覚が敏感すぎたり鈍感すぎたりするので、他の子どもから「おかしい」と思われてしまうのです。

くすぐりを使うとわかりやすい

　人それぞれに感覚の違いがあることが子どもにもわかる例は、くすぐりです。定型発達の子どもでも、少し触れただけでくすぐったく感じる子どもがいれば、かなりくすぐっても平気である子どももいます。このように、人によってそれぞれ感じ方が違うことを実感させます。その上で、人によって苦手なにおいや音があることを伝え、苦手なにおいに耐えられなかったえりちゃんの気持ちを代弁してください。

5. 周囲の子どもが「どうして○○ちゃんだけ、カードを使ってお話するの？」と尋ねてきた際の対応

CASE

　あつしくんに指示をするときには、絵カードを使用しています。それによって、あつしくんは先生の指示が理解でき、まわりの動きを確認しなくても、自分から動くことができるようになってきました。しかし、クラスの子どもたちが「どうしてあつしくんだけ、そのカードを使ってお話ししているの？」「あつしくんは耳が聞こえないの？」と聞いてくるようになりました。

？ 周囲の子どもたちに、どう対応したらよいでしょうか？

A

あつしくんは、言葉で伝えてもわからないことを説明する

B

絵カードを使った方が、先生の話が理解しやすくなることを説明する

 **Answer**　　　　　　　　　　　　　　　答えは…　**B**

絵カードを使ったほうが、先生の話が理解しやすくなることを説明する

ポジティブな表現で説明をしよう

　「言葉で伝えてもわからないから絵カードを使う」という説明と「絵カードを使ったほうがわかりやすくなる」という説明は似ていますが、子どもの受け取り方は大きく異なります。「できないから使う」という説明では、自閉症スペクトラムの子どもは「できない子」という印象を植え付けてしまいます。また、「耳が聞こえない」と誤解をしている子どもが時々います。その場合にも、「音は聞こえている」ことを説明したうえで、自閉症スペクトラムの子どもはカードがあったほうが、よりわかりやすくなることを伝えてください。

メガネで例えるとわかりやすい

　メガネをかけている人は世の中に大勢いるので、子どもにとっても珍しい存在ではありません。メガネがどういう役割であるかも、ある程度わかっています。そこで、「目が見えにくい人は、メガネをかけることによって、はっきりと物が見えるようになるよね」などと確認したうえで、「メガネと同じで、このカードを使うことによって、先生の話をよりはっきりとわかるようになる人がいる」ことを話してください。

自閉症スペクトラムの子どもが登場する絵本とその読み聞かせ方

　現在、自閉症スペクトラムの子どもを扱った絵本がいくつか出版されています。そのなかで、自閉症スペクトラムの子どもが幼稚園や保育所、学校に通い、さまざまな問題を抱えながらも、周囲の工夫や対応によってみんなと同じように生活することができている様子が描かれている絵本があります。また、自閉症スペクトラムの子どもが定型発達の子どもと違う行動をとるのはなぜかをやさしく説明している絵本があります。

　このような絵本の読み聞かせを通して、自分とは違う行動をとる人がいることを子どもたちは知ることができます。また、「なぜ自分と違う行動をするのだろうか」という疑問を解消させてくれるので、自閉症スペクトラムの子どもに対する違和感をなくしていくことができます。さらに、工夫をしたら自分たちと同じように生活することができると子どもたちに感じさせることができます。

『つながろ！－にがてをかえる？まほうのくふう－』（作　しまだようこ、監修　井上雅彦、今井出版）という絵本があります。この絵本のなかには、自閉症スペクトラムという言葉は使われていませんが、声の大きさを場面で変えることができず、いつも大きな声でお話ししてしまったり、同じことをいつも繰り返していたりする女の子が登場します。この女の子に対して、担任の先生やクラスの友だちが絵カードで説明したり、ルールを作ったりしたことで、クラスのみんなが楽しく生活できるようになったことを紹介しています。また、巻末にこの女の子の行動はなぜ起こるのか、工夫するときに使った道具はどんな意味があるのかをわかりやすく説明しています。

　このほかに、『天使と話す子』（作　エスター・ワトスン、訳　山中康裕、BL出版）、『ふしぎなともだち』（作　たじまゆきひこ、くもん出版）があります。これらの絵本のなかでも、自閉症スペクトラムの子どもがなぜみんなと違う行動をするのかがわかりやすく説明されています。

著者・監修者紹介

著者　水野 智美（みずの・ともみ）

筑波大学医学医療系准教授、博士（学術）、臨床心理士。

全国の幼稚園、保育所、こども園を巡回し、気になる子どもへの対応やその保護者の支援について、保育者の相談に応じている。

著書に、『こうすればうまくいく！ ADHDのある子どもの保育　イラストですぐにわかる対応法』（中央法規）、『具体的な対応がわかる 気になる子の保育－発達障害を理解し、保育するために』（チャイルド本社）、『「うちの子、ちょっとヘン？」発達障害・気になる子どもを上手に育てる17章－親が変われば、子どもが変わる－』（福村出版）などがある。

監修者　徳田 克己（とくだ・かつみ）

筑波大学医学医療系教授、教育学博士、臨床心理士。子ども支援研究所 所長。

専門は子ども支援学、保育支援学、障害科学。全国の幼稚園、保育所、こども園を巡回して、保育者や保護者を対象とした講演・相談活動を行っている。

『こうすればうまくいく！医療的配慮の必要な子どもの保育　30の病気の対応ポイントがわかる！』（中央法規）、『具体的な対応がわかる 気になる子の保護者への支援』（チャイルド本社）、『知らないとトラブルになる！ 配慮の必要な保護者への支援』（学研教育みらい）など、著書多数。

こうすればうまくいく！自閉症スペクトラムの子どもの保育
イラストですぐにわかる対応法

Do it in this way, it will work out well！
Case study of children with autism spectrum disorder

2017年10月10日　初　版　発　行
2023年 4 月10日　初版第 5 刷発行

著　者　　水野智美

監修者　　徳田克己

発行者　　荘村明彦

発行所　　中央法規出版株式会社

　　　　　〒110-0016　東京都台東区台東3-29-1　中央法規ビル
　　　　　　　　　　　TEL 03-6387-3196
　　　　　https://www.chuohoki.co.jp/

印刷・製本　株式会社太洋社
装幀・本文デザイン　株式会社タクトデザイン事務所
カバーイラスト　タナカユリ
本文イラスト　堀江篤史